Inhalt

● Sprechen und Zuhören ● Schreiben ● Richtig schreiben ● Lesen – mit Texten und Medien umgehen ● Sprache und Sprachgebrauch untersuchen

Inhalt

● Sprechen und Zuhören ● Schreiben ● Richtig schreiben ● Lesen – mit Texten und Medien umgehen ● Sprache und Sprachgebrauch untersuchen

Inhalt

● Sprechen und Zuhören ● Schreiben ● Richtig schreiben ● Lesen – mit Texten und Medien umgehen ● Sprache und Sprachgebrauch untersuchen

Die Symbole bedeuten

 Klassengespräch

 Partner- oder Gruppenarbeit

 Ich – Du – Wir

 Über Lernen sprechen

 Lerntagebuch

Aufgaben** im

1. Anforderungsbereich 1
2. Anforderungsbereich 2
3. Anforderungsbereich 3

 Sprich und klatsche dazu.*

 Schreibe in das passende Häuschen.

 Übe die Wörter mit Wortkarten. → S. 150/151

 Rollenspiel

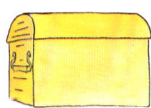 In der Schatztruhe steht, was auf dieser Seite besonders wichtig ist.

* Rhythmisiertes Sprechen und Klatschen der Kontrastpaare als Grundlage zur richtigen Schreibung der doppelten Mitlaute

** Die Aufgaben orientieren sich an den Anforderungsniveaus der Bildungsstandards und Lehrpläne der Bundesländer

Wieder in der Schule

Ich höre gut zu.
Ich melde mich.
Ich warte, bis ich
an der Reihe bin.

Hanna, könntest
du bitte lauter
sprechen?

1. Die Kinder erzählen zu Dingen, die sie mitgebracht haben.
   Wie sprechen sie miteinander?

2. Was passt zu einem guten Gespräch?

Hanna, du
sprichst mir
zu leise!

Könntest du
bitte lauter
sprechen?

Was ist das
für eine komische
Glocke?

Tim, woher
hast du die
Glocke?

Jetzt will ich
etwas sagen.

Hanna, ich
möchte auch
etwas sagen.

3. Welche Gesprächsregeln sind für euch wichtig?

4. Bringt Andenken aus euren Ferien mit und erzählt dazu.

5. Was war gut an eurem Gespräch? Auf welche Regeln wollt ihr noch stärker achten?

6. Gestaltet ein Plakat mit euren Gesprächsregeln.

Unsere Gesprächsregeln

Nomen

Die Kinder der Klasse 2c haben Nomen auf Kärtchen geschrieben.

1. **Ich:** Wie kannst du die Kärtchen ordnen?

   Du: Wie hat dein Partner die Kärtchen geordnet?

   Vergleicht.

   Wir: Stellt eure Möglichkeiten der Klasse vor.

   Wie viele Möglichkeiten habt ihr gefunden?

2. Trage die Wörter auf den Kärtchen in eine Tabelle ein.

Menschen	Tiere	Pflanzen	Dinge
Baby	Hund	Baum	Korb

3. Ergänze die Tabelle mit weiteren Nomen.

> ## Nomen
> Namen von Menschen, Tieren, Pflanzen und Dingen heißen Nomen. Wir schreiben sie groß.

Hanna, Sofia und Malte spielen Quartett.

Tisch

Junge

Baum

Wolf

Auto

Tulpe

Kind

Löwe

Raupe

Kiste

Gras

Frau

4. Welche Karten gehören zusammen?

Menschen: Junge, ...

Tiere:

Pflanzen:

Dinge:

5. Bei einem Quartett gehören immer vier Karten zusammen.

Finde Nomen für die umgedrehten Karten.

Schreibe sie auf Karten und male dazu.

6. Bildet eine Vierergruppe und spielt Quartett.

e steht immer …

1. **Ich:** Untersuche die Häuschen.

   Du: Tausche dich mit einem Partner aus.

   Findet weitere Nomen und tragt sie in die Häuschen A und Häuschen B ein.

   Wir: Stellt eure Ergebnisse der Klasse vor.

2. Ordne zu:

Häuschen A	Häuschen B
ein Doppelzimmer	drei Zimmer

   drei Zimmer

   das 1. Zimmer kann frei bleiben

   ie und ei stehen im Doppelzimmer

   e immer in der Garage

   ein Doppelzimmer

   a, e, i, o, u stehen im Doppelzimmer

   a, e, i, o, u stehen im mittleren Zimmer

   zwei Silben

ABC der Tiere
Sprachbuch 2

Nomen

Namen von Menschen, Tieren, Pflanzen und Dingen heißen Nomen. Wir schreiben sie groß.
Nomen gibt es in der Einzahl und in der Mehrzahl.
In der Mehrzahl heißt der Artikel immer „die".
Beispiele:
*das **Kind** – die **Kinder**, der **Hund** – die **Hunde**,*
*die **Rose** – die **Rosen**, das **Buch** – die **Bücher***

Artikel

Vor Nomen stehen oft die bestimmten Artikel: der, die, das
Beispiele:
*der Hund, **die** Rose, **das** Kind*
oder die unbestimmten Artikel:
ein, eine
Beispiele:
***ein** Hund, **eine** Rose, **ein** Kind*

Adjektiv

Adjektive beschreiben Nomen genauer.
Wir schreiben sie klein.
Beispiel:
die braune Hose
Die Hose ist braun.

Verb

Verben sagen uns, was jemand tut oder was geschieht.
Wir schreiben sie klein.
Beispiel:
gehen – ich gehe, du gehst, er geht, sie geht,
wir gehen, ihr geht, sie gehen

Satz

Ein Satz besteht aus verschiedenen Bausteinen.
Das Verb steht an der zweiten Stelle.
Beispiel:

Das Kind   fängt   den Ball.

Am Anfang des Satzes schreiben wir groß.
Als Satzschlusszeichen steht ein Punkt.

Satzschlusszeichen

Am Schluss des Satzes steht ein Punkt.
Beispiel: *Das Kind fängt den Ball.*

Am Schluss des Fragesatzes steht ein Fragezeichen.
Beispiel: *Wo spielt das Kind?*

Nach Ausrufen und am Schluss von Aufforderungssätzen steht ein Ausrufezeichen.
Beispiele: *Au, mein Daumen!*
Komm her!

ABC der Tiere 2 – Sprachbuch bestehend aus Buch, **Karton**- und Lösungsbeilage
Bestell-Nr. 2405-93 · ISBN 978-3-619-24593-2

Mildenberger

Selbstlaute und Mitlaute

Das Abc besteht aus **Selbstlauten** (Vokalen) und **Mitlauten** (Konsonanten).

a, e, i, o, u sind Selbstlaute.

Bei den Mitlauten klingen noch andere Laute mit:

b, c, d, f, g, h, j, k, l, m, n, p, q, r, s, t, v, w, x, y, z.

ä, ö, ü nennen wir **Umlaute**.

au, äu, eu, ei, ai nennen wir **Zwielaute**.

Häuschen A, B, C

Die betonte Silbe steht im Haus, die unbetonte Silbe in der Garage.
In der Garage schreiben wir immer ein e. Beispiele:

Nadel   Kinder   Kissen

Lang – kurz

Wir hören zwischen dem Selbstlaut der ersten Silbe und
dem e der zweiten Silbe einen Mitlaut, schreiben aber zwei.

Das o ist kurz. Beispiel:

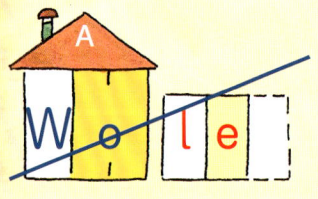         

Wole   Wolle   Stopp

1   2   3   4

Wortstamm – Vor- und Nachsilbe

Wörter haben einen **Wortstamm**. Wir finden ihn, indem wir nach dem
ersten Garagenplatz knicken. Beispiele:

      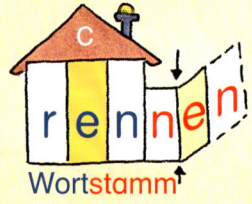

fegen   welken   rennen

Wortstamm   Wortstamm   Wortstamm

Vor- und Nachsilben verändern die Bedeutung von Wörtern. Beispiel:

 gehen –  gehen   Brot – Brötchen

Illustrationen: Heike Treiber

ABC der Tiere 2
Sprachbuch

Lösungen zur Selbstkontrolle

ABC der Tiere 2 – Sprachbuch bestehend aus Buch, Karton- und Lösungsbeilage
Bestell-Nr. 2405-93 · ISBN 978-3-619-24593-2

Mildenberger

Lösungen zur Selbstkontrolle

Aufgabe 5: Beispiellösung:

Ein gefährlicher Augenblick

Es ist Mittag. Frau Süß gießt Milch in einen Topf. Sie kocht Pudding. Kater Kasimir liegt auf einem Stuhl und schläft. Nun klingelt das Telefon im Flur. Frau Süß geht hinaus, nimmt den Hörer ab und telefoniert. Plötzlich kocht die Milch über. Es zischt und qualmt. Kater Kasimir rennt an Frau Süß vorbei. Da erinnert sich Frau Süß, dass sie den Topf auf dem Herd stehen hat und zieht ihn schnell von der Herdplatte. Sie bedankt sich bei Kater Kasimir und drückt ihn fest an sich.

Was habe ich gelernt? – 11 (Seite 148, 149)

Aufgabe 1: Pfahl, Kohl, kühl
Rahm, zahm, Lehm
Zahn, Bahn, Hahn
Jahr, Ohr, sehr

Es fällt auf, dass alle Wörter auf l, m, n oder r enden.

Aufgabe 2: Der Schiffsjunge Piet klettert zu Kapitän Holzbein ins Beiboot. Dieser reicht ihm ein Ruder.
Nach kurzer Zeit erreichen sie ihr Ziel.
Sie ziehen ihr Boot an Land.
Der Kapitän holt die Schatzkarte.
Erwartungsvoll blickt Piet ihn an.

Aufgabe 3: Malte klettert die Leiter hinauf.
Hanna läuft mit Lena um die Wette.
Die Katze schleicht zum Mauseloch.
Das Pferd springt über die Hindernisse.
Der Vogel hüpft auf dem Ast hin und her.

Aufgabe 4: individuelle Lösung

Die Einladung sollte folgende Fragen beantworten:
Wer lädt ein?
Wann findet die Geburtstagsfeier statt?
Wo findet die Geburtstagsfeier statt?
Was findet statt?
Wen lädst du ein?

Aufgabe 5: Auf dem Kopf hat er einen schwarzen Piratenhut.
Im Gesicht besitzt er einen dunklen Bart.
Auf der Schulter sitzt ein grauer Papagei.
Er trägt ein blaues Hemd und eine braune Hose.
Das Messer steckt in seinem braunen Gürtel.
Besonderes Kennzeichen: Holzbein

Bestimmter Artikel: der, die, das

Malte hat seine Fundstücke
auf einen Zettel geschrieben.
Leider kann er nicht mehr alles lesen.

1. Lest die Sätze auf dem Zettel.
   Überlegt gemeinsam, welche Wörter fehlen.

Stein ist glatt.
Muschel ist herzförmig.
Schneckenhaus hat ein Loch.

bestimmter Artikel

Vor Nomen stehen oft
die Artikel der, die, das.

2. Welche Artikel passen?
   Schreibe die Nomen mit Artikel in dein Heft.

Wasser	Frau	Berg	Blume
Hund	Kind	Brille	Füller
Schere	Baum	Regen	Salz
Sonne	Quadrat	Pinsel	Wolke

3. Überlege dir zehn weitere Nomen und schreibe sie auf ein Blatt.

4. Tauscht die Blätter aus und schreibt die passenden Artikel vor die Nomen.
   Besprecht eure Lösungen.

Unbestimmter Artikel: ein, eine

> Morgens tobte ein Sturm.
>
> Ein Rettungsboot suchte einen Schwimmer.
>
> Ein Strandkorb ist umgefallen.
>
> Abends habe ich eine Flaschenpost gefunden.

unbestimmter Artikel
Vor Nomen können auch die Artikel **ein** oder **eine** stehen.

1. Was hat Hanna erlebt?

2. Welche Wörter stehen vor den Nomen?

3. Schreibe den Text in dein Heft.
   Unterstreiche die Nomen mit den Artikeln.

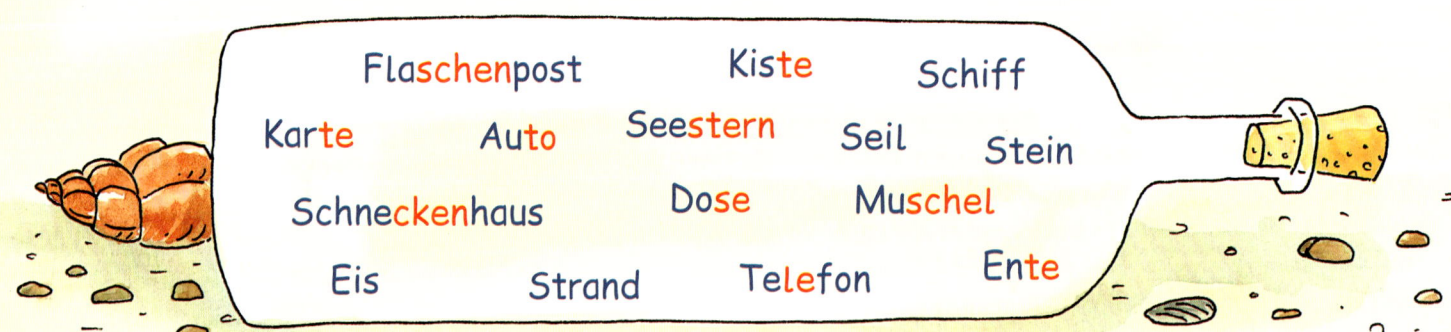

Flaschenpost   Kiste   Schiff
Karte   Auto   Seestern   Seil   Stein
Schneckenhaus   Dose   Muschel
Eis   Strand   Telefon   Ente

4. Ordne zu:

ein	eine
ein Seestern	eine Muschel

5. Hanna hat eine Flaschenpost gefunden.
   Was könnte darin sein?

Nomen-Probe

Hanna will nur Nomen angeln. So entscheidet sie:

1. Schritt

Ist das Wort ein Name für
- einen Menschen
- ein Tier
- eine Pflanze
- ein Ding?

Ja, dann schreibe groß.

2. Schritt

Passt
- der, die, das
- ein, eine

als Artikel davor?

Ja, dann schreibe groß.

kiste · an · zu · angelt · du · schwimmt · sitzt · baum · mit · in · ente · löwe · frau · telefon · blume · auf · kind

1. **Ich:** Wie entscheidet Hanna?

   Du: Wähle einen Fisch mit einem Nomen aus.
   Erkläre deinem Partner die Nomen-Probe.

   Wir: Ein Kind nennt ein Wort.
   Die anderen wenden die Nomen-Probe an.

   „Frau" ist ein Nomen, weil …

2. Schreibe die acht Nomen aus dem Teich mit dem bestimmten Artikel auf.
   die Frau, …

3. Finde in der Wörterschlange die fünf Nomen.

uferkleinundsonnejetztgehtwolkenregenseife

Einzahl – Mehrzahl

Einzahl – Mehrzahl

Nomen gibt es in der Einzahl und in der Mehrzahl.

1. Was ist auf Hannas Bild zu sehen? Schreibe Nomen auf ein Blatt.

2. Tausche dich mit deinem Partner aus: Was gibt es auf dem Bild nur einmal? Was gibt es mehrmals?

   Ich sehe drei …

3. Schreibe die Nomen aus dem Weg so auf:

Einzahl	Mehrzahl
die Straße	die Straßen

Dach   Blätter   Pfütze   Stein   Räder   Dächer   Blatt   Straßen   Steine   Straße   Wege   Rad   Weg   Pfützen   Vogel   Vögel

4. Wie lautet der Artikel in der Mehrzahl?

Eine Postkarte schreiben

Liebe Hanna,

die Ferien waren schön.
Jeden Tag schien die Sonne.
Wir fuhren in die Alpen.
In der Ferne konnten wir
den Chiemsee sehen.

Bis bald!

Anna

An ____
Hanna Müller
Sonnenstr. 24
81927 München

1. Anna hat ihrer Freundin Hanna eine Postkarte geschrieben.
   - Welche Anrede verwendet Anna?
   - Was erzählt Anna?
   - Wie verabschiedet sich Anna?
   - Wo wohnt Hanna?

2. Schreibe eine Postkarte.

   Überlege:

   > An wen möchte ich schreiben?

   > Was möchte ich mitteilen?

   Informiere dich:

   > Wo wohnt ...?

   > Welche Briefmarke brauche ich?

   Wähle aus:

   Hallo ...

   Lieber ...

   Liebe ...

   Bis bald!

   Liebe Grüße ...

   Viele Grüße ...

Was habe ich gelernt? – 1

Auf diesen Seiten kannst du überprüfen, was du gelernt hast
und was du noch üben musst. So gehst du vor:

Bearbeite die Aufgaben
zu einem Thema.

Schätze dich selbst ein.

Kontrolliere mithilfe
der Lösungen.

Wenn ich mehr als
drei Fehler in einer Aufgabe habe,
übe ich zu diesem Thema noch
einmal im Sprachbuch oder ich bitte
um ein Lerngespräch.

Nomen und Artikel (Seite 6 – 14, Lösungsbeilage Seite 2)

1. Welche Wörter sind Nomen?

   Schreibe sie mit dem Artikel ein oder eine auf.

Schule	vor	Schale	gestern	Buch
spielen	Garten	husten	Hund	in

2. Schreibe nur die Nomen mit dem Artikel der, die oder das auf.

   hoseauflachenpferdblumewannschifftischzusonnegehenheftnein

3. Schreibe jedes Nomen in der Einzahl und in der Mehrzahl auf.

Auto	Kind	Fenster	Tasche	Buch
Licht	Frau	Berg	Glocke	Hase

4. Schreibe den Text in dein Heft und setze die passenden Nomen ein.

Jedes Jahr fahren die  mit dem  oder

dem  weit weg.

Sie reisen an das  oder in die  .

Im  sind  ,  und .

Hoffentlich scheint die .

Hosen	Sonne	Auto	Leute	Meer
Berge	Socken	Koffer	Zug	Sonnenbrillen

Lerntagebuch

Ein Lerntagebuch hilft dir, darüber nachzudenken,

was du gelernt hast und was du noch üben möchtest.

Mit diesen Zeichen kannst du dich bewerten:

 Das kann ich sehr gut.

Das mache ich meistens richtig.

Das muss ich noch üben.

So führt Hanna ihr Lerntagebuch:

Was habe ich gelernt?

• Ich erkenne Nomen und schreibe sie groß. 🙂

• Ich kann Einzahl und Mehrzahl bilden. 😐

• Ich kann die richtigen Artikel verwenden. 🙂

• Ich kann Wörter in die Häuschen A und B eintragen. 🙂

• Ich kann die Wörter der Wortliste richtig schreiben. 🙂

Das möchte ich noch üben:

• Einzahl und Mehrzahl

Schreibe eine Seite in dein Lerntagebuch.

Wortliste

Blätter

Blume

Brille

Ferien

Glocke

Hund

Junge

Kind

Leute

Pflanze

Pfütze

Raupe

Riese

Schiff

Schnecke

Sonne

Straße

Tulpe

Wasser

Mein kleiner Hund

A B C –
Mein Hund schwimmt gern im .

D E F –
Ich bin sein lieber .

G H I –
Bei „Klatsch" springt er aufs .

J K L –
Mit Würstchen lernt er .

M N O –
Holt's Stöckchen .

P Q R –
Da ist ein fremder .

S T U –
Er bellt und knurrt .

V W X –
Nein, unser Hund macht .

Y und Z –
Ach, so ein Hund ist !

Katrin Herter

Chef
schnell
Knie
Herr
dazu
nett
nichts
irgendwo
See

 1. Betrachtet die Bilder. Erzählt.

2. Lies das Abc-Gedicht. Welche Reimwörter passen?

3. Schreibe das Abc-Gedicht auf.

 4. Ich: Lerne das Gedicht auswendig.

Du: Wie könnt ihr das Gedicht gemeinsam vortragen?
Probiert mehrere Möglichkeiten.

Wir: Tragt das Gedicht der Klasse vor.

Abc-Kopfnüsse

1. Welche Buchstaben fehlen? Schreibe die Buchstaben ab und ergänze:

1) A, B, C, D, …

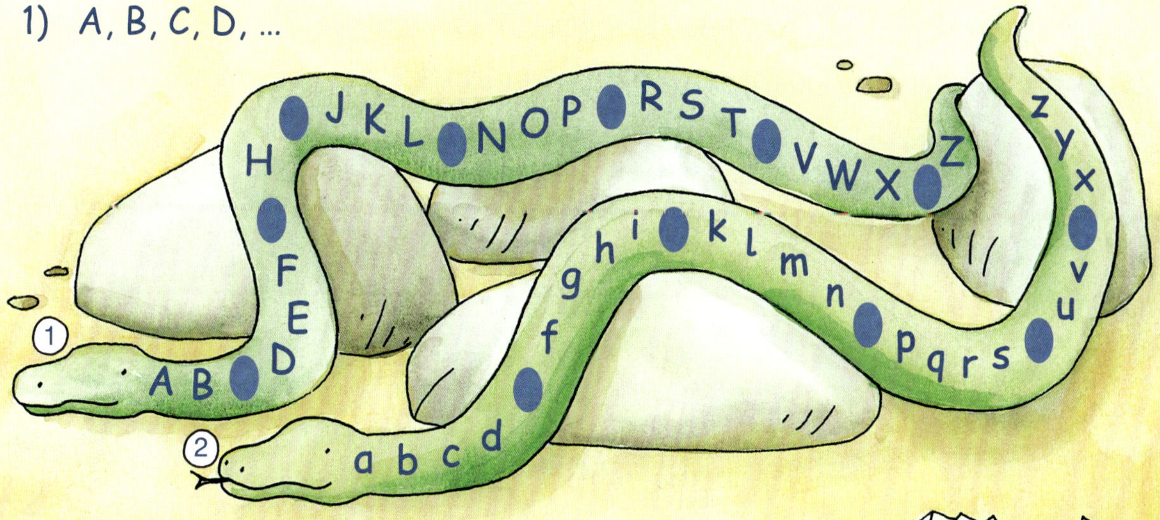

H J K L N O P R S T V W X Z
z y x v u
F
E D
A B D
f g h i k l m n
o P q r s
a b c d

3. e f g

4. a c

5. q r t

6. l n p

7. h j

8. u v x

9. z

Amelie

Chris

Beate

Dennis

2. Schreibt ein Namen-Abc.
   Findet ihr zu jedem Buchstaben einen Namen?

3. Stellt das Namen-Abc in der Klasse vor.

4. Schreibe zu einem weiteren Thema ein Abc.

Blumen-Abc

Was-ich-mag-Abc

?

Lieblingsessen-Abc

Selbstlaut – Mitlaut

1	A	a
2	B	b
3	C	c
4	D	d
5	E	e
6	F	f
7	G	g
8	H	h
9	I	i
10	J	j
11	K	k
12	L	l
13	M	m
14	N	n
15	O	o
16	P	p
17	Q	q
18	R	r
19	S	s
20	T	t
21	U	u
22	V	v
23	W	w
24	X	x
25	Y	y
26	Z	z

1. Zählt die Bausteine des Abc-Turmes:

- Aus wie vielen Buchstaben besteht das Abc?
- Wie viele Selbstlaute sind es?
- Wie viele Mitlaute sind es?

Selbstlaut und Mitlaut

Das Abc besteht aus Selbstlauten und Mitlauten.
A a, E e, I i, O o, U u sind Selbstlaute.
Bei den Mitlauten klingen noch andere Laute mit:
B b, C c, D d, F f, G g …

2. Löse folgende Rätsel. Ordne jeder Zahl den passenden Buchstaben aus dem Buchstabenturm zu:

Es fliegt, hat aber keine Federn:

| 6 | 12 | 5 | 4 | 5 | 18 | 13 | 1 | 21 | 19 |

Es fliegt, hat aber keine Federn.
Es ist …

Es ist ein Vogel, kann aber nicht fliegen:

| 16 | 9 | 14 | 7 | 21 | 9 | 14 |

Es ist mal rot, mal grün, mal braun (ä = ae):

| 3 | 8 | 1 | 13 | 1 | 5 | 12 | 5 | 15 | 14 |

Es baut Hügel ohne Schaufel:

| 13 | 1 | 21 | 12 | 23 | 21 | 18 | 6 |

3. Erfinde selbst ein Geheimschrifträtsel.
Stelle das Rätsel in der Klasse vor.

Erste Silbe: offen oder geschlossen?

In Häuschen B folgt nach dem Selbstlaut …

 1. **Ich:** Schreibe die Wörter in Häuschen A oder Häuschen B.

Du: Vergleicht alle ersten Silben. Was habt ihr herausgefunden?

Wir: Sprecht in der Klasse über eure Ergebnisse.

Kinder

Blume

Riese

Igel

Wolken

Schule

Ente

Tante

Offene und geschlossene Silbe

Die erste Silbe in Häuschen A endet mit einem Selbstlaut. Sie heißt offene Silbe.

Die erste Silbe in Häuschen B endet mit einem Mitlaut. Sie heißt geschlossene Silbe.

Rinde – Riese

2. Wie klingen die Selbstlaut in den ersten Silben? Ordne die Wörter so:

offene Silbe	geschlossene Silbe
Tafel	Tante

Tafel – Tante

Tore – Torte

Felder – Feder

Lupe – Lumpen

3. Sprecht in der Klasse über eure Ergebnisse.

In der **offenen Silbe** klingt der Selbstlaut …

In der **geschlossenen Silbe** klingt der Selbstlaut …

Nach dem ABC ordnen

Affe

Zebra

Delfin

Tiger

Gans

Krokodil

1. Ordne die sechs Tiernamen nach dem Abc.

Achte auf die Anfangsbuchstaben der Tiernamen. Schreibe so:
1. Affe
2. ...

Nilpferd

Nashorn

Hase

Hamster

Krokodil

Kakadu

Maus

Marder

2. Ich: Ordne immer zwei Tiernamen nach dem Abc.
Auf welche Buchstaben musst du achten?

Du: Wie hat dein Partner die Tiernamen geordnet? Formuliert die Regel,
nach der ihr Wörter mit gleichen Anfangsbuchstaben ordnet.

Wir: Sprecht über die Regel in der Klasse.

3. Ordnet die Namen eurer Klassenkameraden nach dem Abc.

Im Wörterbuch nachschlagen

 1. Besprecht, welche Tiere abgebildet sind.

2. Schlage die Tiernamen im Wörterbuch nach und
   schreibe sie mit Artikel, Seitenzahl und Spalte auf.
   die Katze: S. ..., Spalte ...

3. Nenne ein Wort.
   Dein Partner schlägt das Wort im Wörterbuch nach,
   nennt die Seitenzahl und die Spalte.

4. Schlage die Nomen im Wörterbuch nach und
   schreibe sie mit Seitenzahl und Spalte auf.

5. Was frisst das Pferd?
   Unterstreiche die Anfangsbuchstaben. Sie sagen dir, was das Pferd frisst.

6. Suche im Wörterbuch weitere Tiernamen und
   schreibe sie mit Seitenzahl und Spalte auf.

Lang oder kurz? – Doppelter Mitlaut

Die Kinder der Klasse 2 c wollen verstehen, warum Koffer mit ff geschrieben wird.

1. Welche Wörter gehören zu den Bildern?

2. Sprecht und klatscht die Wörter als Rap.

   Was fällt euch auf?

Kontrastpaare klatschen: Käfer – Koffer, Züge – Zucker, Schafe – Schiffe, Besen – Busse, Vase – Wasser
Häuschen-Rhythmus (lang – kurz) zum Anhören unter: www.abc-der-tiere.de/4

Hanna und Malte tragen die Wörter in Häuschen ein.

A K ä f e r **C** K o f f e r **Stopp**

1   2   3   4

In Käfer höre ich die Trennung gut, das „ä" wird lang gesprochen, also Häuschen A.

In Koffer kann ich keine Trennung hören, das „o" wird kurz gesprochen. Ich schreibe das Wort in das Häuschen C mit „ff".

3. Wie unterscheiden sich Häuschen A und Häuschen C?

4. Sprich und klatsche die Wortpaare.

5. Schreibe die Wortpaare in die Häuschen A und C.

Doppelte Mitlaute

Wird der betonte Selbstlaut kurz gesprochen, folgt ein doppelter Mitlaut.
Durch Klatschen kannst du das überprüfen.

Käfer – Koffer

Züge – Zucker

Schafe – Schiffe

Besen – Busse

Vase – Wasser

6. Finde weitere Wörter für Häuschen C.

Schreibung der doppelten Mitlaute (doppelter Mitlaut) in Häuschen C
Vorlagen für das Häuschenschreiben unter: www.abc-der-tiere.de/2

25

Verben

Hanna und Malte besuchen einen Bauernhof.

Malte kann die Tiere mit geschlossenen Augen erkennen.

muh

meck

wau

kikeriki

gack gack

miau

Verben

Wörter, die uns sagen, was jemand tut oder was passiert, nennen wir Verben.

Verben schreiben wir klein.

1. Woran erkennt Malte die Tiere?

2. Welche Verben passen zu den Tieren?

3. Schreibe auf, was die Tiere tun:
   Die Katzen miauen.

krähen   meckern   gackern

muhen   bellen   miauen

Die Katzen ⚘.   Die Hunde ⚘.

Die Hähne ⚘.   Die Kühe ⚘.

Die Hühner ⚘.   Die Ziegen ⚘.

Nomen oder Verb?

schnappen

fliegen

Affen

Vögel

Raupen

traben

Lamas

Pferde

Eulen

Esel

klettern

spucken

fressen

Krokodile

jagen

tragen

1. **Ich:** Welche Wörter sind Nomen? Welche Wörter sind Verben? Überlege.
   Du: Wie ordnet dein Partner die Wörter? Tauscht euch aus.
   Wir: Woran erkennt ihr die Nomen?

2. Zeichne eine Tabelle und trage die Wörter ein:

Nomen	Verben
die Affen	klettern

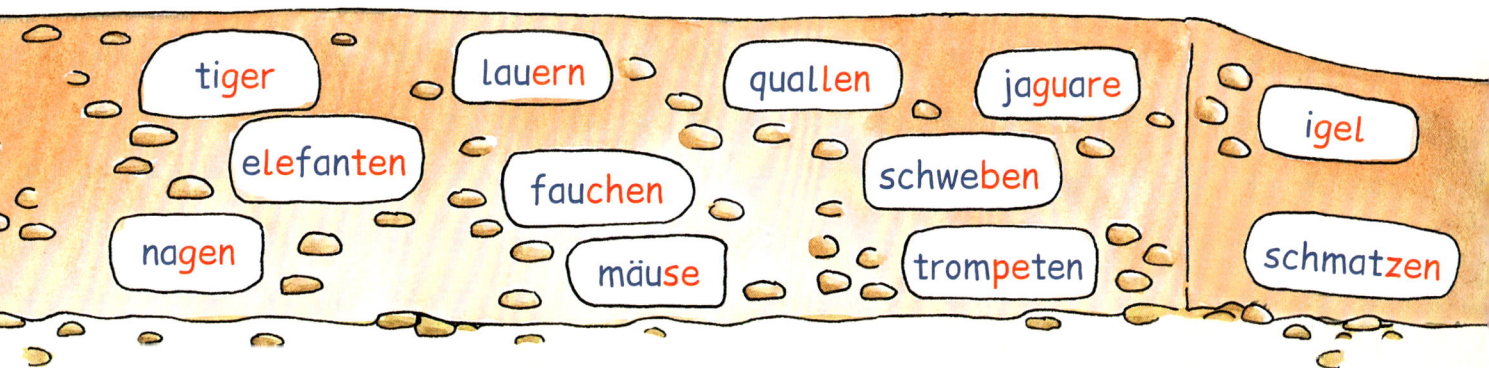

tiger

lauern

quallen

jaguare

igel

elefanten

fauchen

schweben

nagen

mäuse

trompeten

schmatzen

3. Hier sind auch die Nomen kleingeschrieben.
   Schreibe die Wörter richtig in die Tabelle von Aufgabe 2.

4. Ordne die Verben nach dem Abc.

Lang oder kurz? – Sprechprobe

Hanna und Malte schreiben Tiernamen in Häuschen.

So können sie entscheiden, wie man das Wort richtig schreibt.

1. Wie entscheiden Hanna und Malte, in welches Häuschen sie
   den Tiernamen schreiben?

> ### Häuschenprobe: A oder C?
>
> Sprich ein Wort auf beide Arten. So kannst du
> entscheiden, ob ein doppelter Mitlaut geschrieben wird.

2. Schreibe die Tiernamen in die richtigen Häuschen.

b/bb: Ro⬤e

w/ww: Lö⬤e

m/mm: Schi⬤el

s/ss: Ha⬤e

3. Hanna und Malte haben mit den Tieren
ein Domino angefertigt.

Schreibe die Tiernamen und
die passenden Verben:

Ratten nagen

Schimmel ...

Denke dabei an die Häuschen A und C.

g/gg:
na⬤en

A
n a g e n

C
n a g g e n

b/bb:
tra⬤en

l/ll:
brü⬤en

g/gg:
na⬤en

m/mm:
schwi⬤en

p/pp:
ho⬤⬤eln

4. Schreibe die Tiernamen und die Verben
richtig auf Kärtchen.

m/mm:
bru⬤en | Kröten

k/ck:
qua⬤en | Affen

k/ck:
me⬤ern | Schafe

k/ck:
blö⬤en | Bären

t/tt:
kle⬤ern | Ziegen

5. Stellt weitere Dominokärtchen mit Tieren und passenden Verben her.
Tauscht die Kärtchen mit anderen Kindern und spielt Domino.

Aussagesatz

Der Aussagesatz

Die Mäuse nagen .

Die Bären brummen .

Die Kakadus kreischen .

Sätze bauen wir so.

1. Wie wird das Wort am Satzanfang geschrieben?
   Was steht am Satzende?

2. Was tun die Tiere?
   Bildet Sätze.

Aussagesatz

Am Satzanfang schreiben wir groß.
Als Satzschlusszeichen steht ein Punkt.

3. Schreibe die Sätze:
   Die Hunde bellen.

bel

ckern

ga

au

blö

en

ken

ckern

me

len

mu

hen

mi

Richtig abschreiben – Würfeldiktat

Hanna und Malte würfeln
und schreiben die Sätze auf.

- ⚀ Die Affen klettern.
- ⚁ Die Bären brummen.
- ⚂ Die Hunde bellen.
- ⚃ Die Jaguare lauern.
- ⚄ Die Papageien sprechen.
- ⚅ Die Tiger fauchen.

Abschreibtipp

Lies jeden Satz leise.

Decke den Satz ab.

Schreibe den Satz auswendig
mit zwei Farben auf.
Sprich jede Silbe mit.
Vergleiche mit den Sätzen
im Buch.

1. Würfle und schreibe die Sätze ab.
   Schreibe jeden Satz nur einmal.
   Beachte den Abschreibtipp.

   ⚁ Die Bären brummen.

2. Schreibe sechs Sätze auf ein Blatt
   und überprüfe die Rechtschreibung
   mit dem Wörterbuch.

   ⚀ Die Kinder spielen.

   ⚁

3. Tausche das Blatt mit deinem Partner aus.
   Würfle und schreibe die Sätze.

Was habe ich gelernt? – 2

Abc (Seite 18 – 23, Lösungsbeilage Seite 2)

1. Schreibe die Wörter mit den richtigen Vokalen auf.

   Welcher Selbstlaut steht immer in der 2. Silbe?

     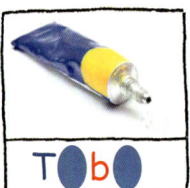

G●b●l   W●ss●r   V●g●l   F●nst●r   F●ng●r   T●b●

2. Ordne die Wörter nach dem Abc.

   Haus   Cent   bezahlen   weinen   Sonne   Euro

3. Ordne die Wörter nach dem Abc.

   Achte dabei auch auf den zweiten Buchstaben.

   Gemüse   Erde   grün   Euro   Buch   Brot

4. Schlage die Wörter im Wörterbuch nach und

   schreibe sie mit Seitenzahl und Spalte auf.

    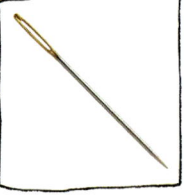 

Verben (Seite 26 – 29, Lösungsbeilage Seite 2)

5. Schreibe alle Verben auf.

   Tisch   singen   machen   Wolf   suchen
   finden   Stunde   rechnen   brauchen   Eis

Sätze (Seite 30, 31, Lösungsbeilage Seite 2)

6. Bilde passende Sätze.

die Kinder   hupen
die Vögel   die Autos   fliegen   spielen
die Blumen   die Hunde   blühen   bellen

Doppelte Mitlaute (Seite 24, 25, 28, 29, Lösungsbeilage Seite 2)

7. l oder ll? Denke an die Häuschen.

Großschreibung (Seite 30, 31, Lösungsbeilage Seite 2)

8. Im folgenden Text sind alle Nomen und die Satzanfänge kleingeschrieben. Schreibe den Text richtig auf.

auf dem bauernhof

malte und hanna besuchen einen bauernhof.

dort können sie viele tiere sehen.

die kühe grasen auf der weide hinter dem haus.

der hahn steht auf dem misthaufen und kräht laut.

die bäuerin fährt mit dem traktor auf den hof.

sie begrüßt die kinder freundlich und

gibt ihnen ein glas frische milch zu trinken.

schmeckt das lecker!

 ## Lerntagebuch

Schreibe in dein Lerntagebuch, was du gelernt hast.

Wie gut kannst du die Aufgaben? Male ☺ 😐 ☹.

Was möchtest du noch üben?

Was habe ich gelernt?

- Ich kann Wörter nach dem Abc ordnen.
- Ich erkenne Verben und schreibe sie klein.
- Ich kann offene und geschlossene Silben unterscheiden.
- Ich kann Wörter in Häuschen C eintragen.
- Ich kann die Wörter der Wortliste richtig schreiben.

Das möchte ich noch üben:

 ## Wortliste

Affe

Bär

brummen

fliegen

fressen

Katze

klettern

Koffer

Mäuse

schwimmen

Tiger

Zucker

Der Herbst ist wieder da

1. **Ich:** Woran erkennst du, dass der Herbst wieder da ist? Sammle Herbstwörter.

   Du: Welche Wörter hat dein Partner gefunden? Tauscht euch aus.

   Gestaltet in der Gruppe ein Plakat

   mit euren Herbstwörtern.

   Wir: Stellt euch gegenseitig die Plakate vor.

Drachen

wehen

Wind

Verben

Die wir-Form ist wie die Grundform der Verben.

laufen – wir laufen

Hanna und Malte erleben den Herbst.

Sie erzählen:

Wir	sammeln	Blätter.
	pflücken	Äpfel.
	basteln	Windräder.
	hören	den Wind.
	sehen	einen Vogelschwarm.

2. Schreibe so in dein Heft:

Wir sammeln Blätter.

 3. Was macht ihr im Herbst? Schreibt in der wir-Form.

A fegen
Wortstamm ↑ Endung

B welken
Wortstamm ↑ Endung

C rennen
Wortstamm ↑ Endung

Ich knicke nach dem ersten Garagenplatz. So erhalte ich den Wortstamm.

Verben

Verben haben einen **Wortstamm** und eine **Endung**.

1. Wie könnt ihr den Wortstamm erkennen? Erklärt.

2. Wie lauten die Endungen der Verben in der Grundform?

3. Schreibe die Verben in die passenden Häuschen. Schneide aus und knicke.

fegen

welken

rennen

heulen

stellen

pfeifen

bellen

steigen

bremsen

fliegen

feg
welk
renn

Die er-Form

heulen
pflücken
fliegt
lachen
spielt
hört
heult
singen
geht
gehen
schauen
pflückt
fliegen
singt
lacht
spielen
hören
schaut

💭 1. Woran erkennt ihr die er-Form?

💭 2. Zu jedem Blatt passt eine Eichel.

Ordnet die er-Formen den passenden Grundformen zu.

3. Schreibe die Verben in der Grundform
mit der passenden er-Form auf:

Grundform	er-Form
heulen	er heult

Verben

Die er-Form
hat die
Endung „t".
spielen – er spielt

4. Ergänze die Sätze mit den Verben aus den Strohballen in der er-Form:
Das Eichhörnchen sammelt Nüsse.

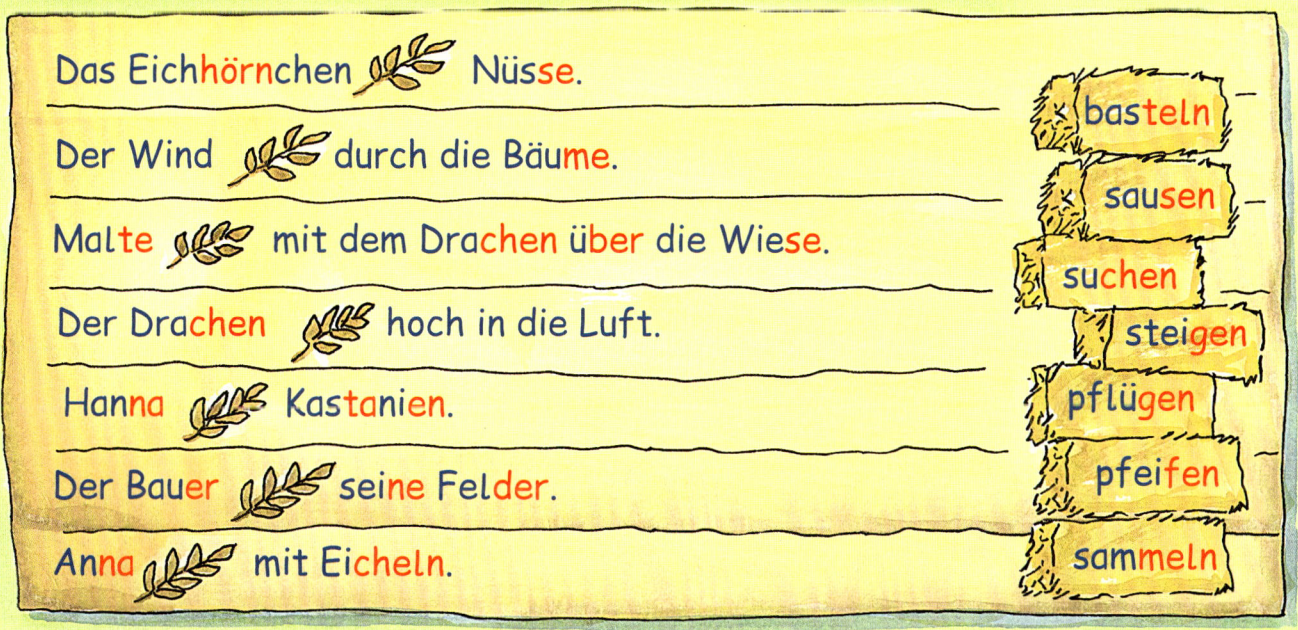

Das Eichhörnchen 🌿 Nüsse.

Der Wind 🌿 durch die Bäume.

Malte 🌿 mit dem Drachen über die Wiese.

Der Drachen 🌿 hoch in die Luft.

Hanna 🌿 Kastanien.

Der Bauer 🌿 seine Felder.

Anna 🌿 mit Eicheln.

basteln
sausen
suchen
steigen
pflügen
pfeifen
sammeln

Die er-Form mit doppeltem Mitlaut

Die er-Form mit doppeltem Mitlaut

Die Kinder rennen.   Das Kind rennt.

Zuerst bilde ich den Wortstamm, dann hänge ich „t" an.

1. Warum schreiben wir rennt mit nn? Begründet.

2. Schreibe die Verben aus dem Regal in das C-Häuschen und schneide aus.

3. Knicke nach dem ersten Garagenplatz. Wie heißt der Wortstamm?

4. Schreibe in dein Heft und markiere den Wortstamm:

Grundform	er-Form
rennen	er rennt

rennen
bellen
kommen
schwimmen
rollen
hoffen

Lang oder kurz?

5. Klatscht und sprecht die Verben.

6. Schreibe die Verben in Häuschen A oder Häuschen C.

m/mm: su⬤en

s [u] m e n   s u m m e n

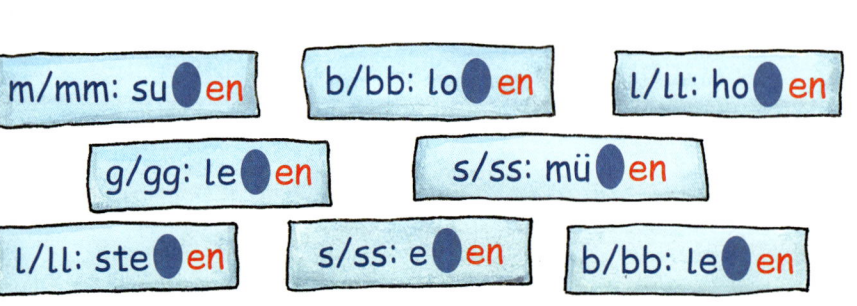

m/mm: su⬤en   b/bb: lo⬤en   l/ll: ho⬤en

g/gg: le⬤en   s/ss: mü⬤en

l/ll: ste⬤en   s/ss: e⬤en   b/bb: le⬤en

Verb-Probe

1. Schritt

Sagt das Wort,

• was jemand tut?

• was passiert?

2. Schritt

Kann man
die ich-Form bilden?

ich sage

1. Wie entscheidet Malte, ob ein Wort ein Verb ist?

2. Finde fünf weitere Verben in der Wörterschlange.
   Wende die Verb-Probe an.
   sagen: ich sage

SAGENHAUSABERLESENRENNENBRUNNENFAHRENSOREDENSUPPEKOMMEN

3. Verben haben verschiedene
   Endungen.
   Wie lauten sie?

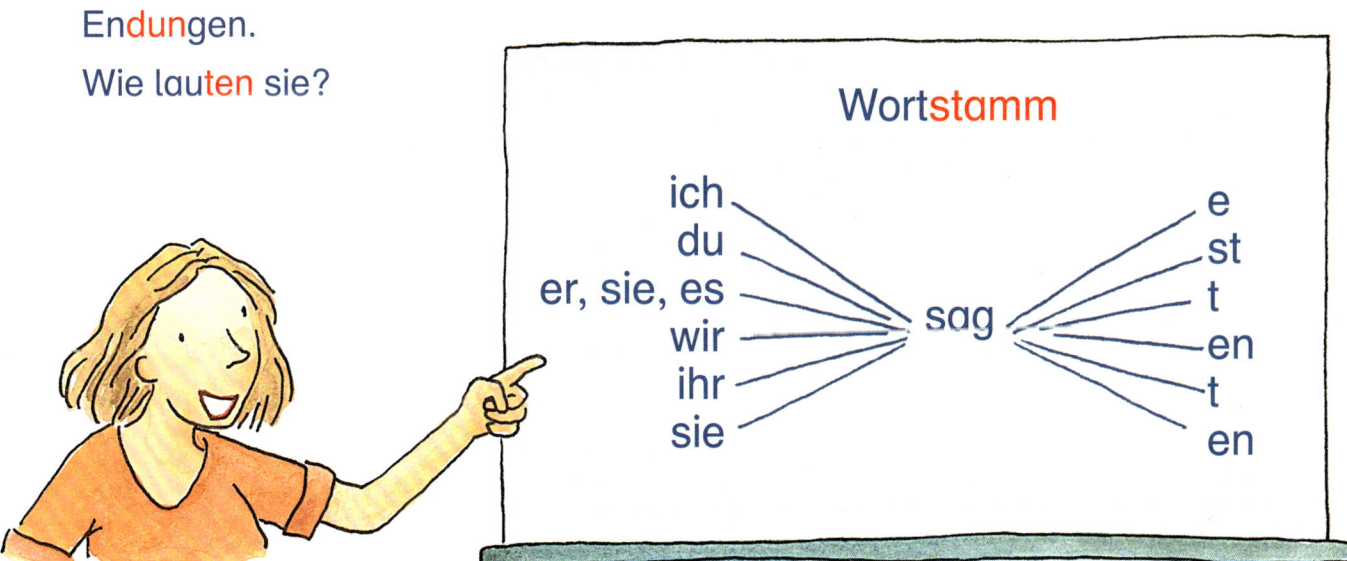

Wortstamm

ich		e
du		st
er, sie, es	sag	t
wir		en
ihr		t
sie		en

4. Schreibe alle Verbformen:

sagen   kommen   schreiben   rechnen   holen

sagen:

ich sage, du sagst, er sagt, sie sagt, es sagt, wir sagen, ihr sagt, sie sagen

Umlaute Ä/ä und Äu/äu – Wir leiten ab

a → ä	au → äu

Gras – Gr●ser   Baum – B●me
– M●nner   – M●se
– ●pfel   – Schl●che
– ●ste   – Kr●ter

Gräser schreibe
ich mit „ä",
weil …

Bäume schreibe
ich mit „äu",
weil …

Umlaut
Ä, ä, Ö, ö, Ü, ü sind Umlaute.
a → ä   au → äu

1. Wann wird ein Wort mit
   ä oder äu geschrieben?

2. Finde zu jedem Nomen an der Tafel das passende Nomen in der Einzahl.
   Schreibe so: das Gras – die Gräser

3. Schreibe verwandte Wortpaare so auf:
   rauben – Räuber

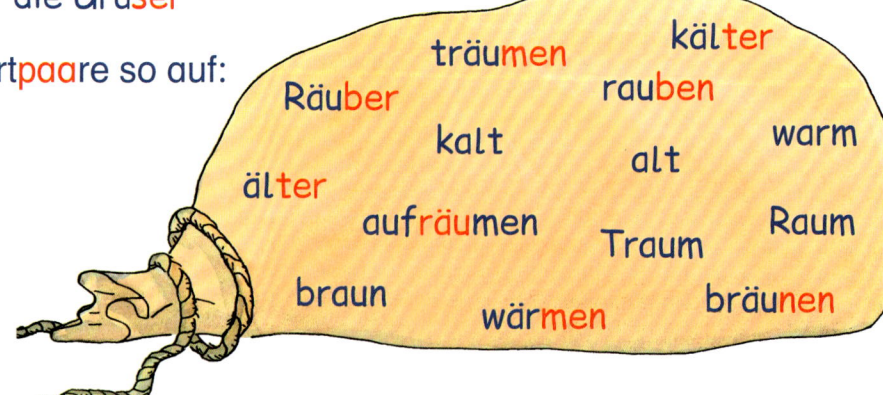

träumen   kälter
Räuber   rauben
kalt   alt   warm
älter
aufräumen   Raum
braun   Traum
wärmen   bräunen

Feldmäuse

Aussehen:
bräunliches Fell,
kurzes Schwänzchen

Lebensraum:
lichte Wälder,
offenes Gelände

Nahrung:
Kräuter, Gräser, Getreide,
Sämereien

4. Was erfahrt ihr über die Feldmäuse?

5. Schreibe zu jedem Wort mit ä oder äu
   ein verwandtes Wort.

6. Beschreibe die Feldmäuse in ganzen Sätzen.
   Feldmäuse haben … Sie leben … Sie fressen …

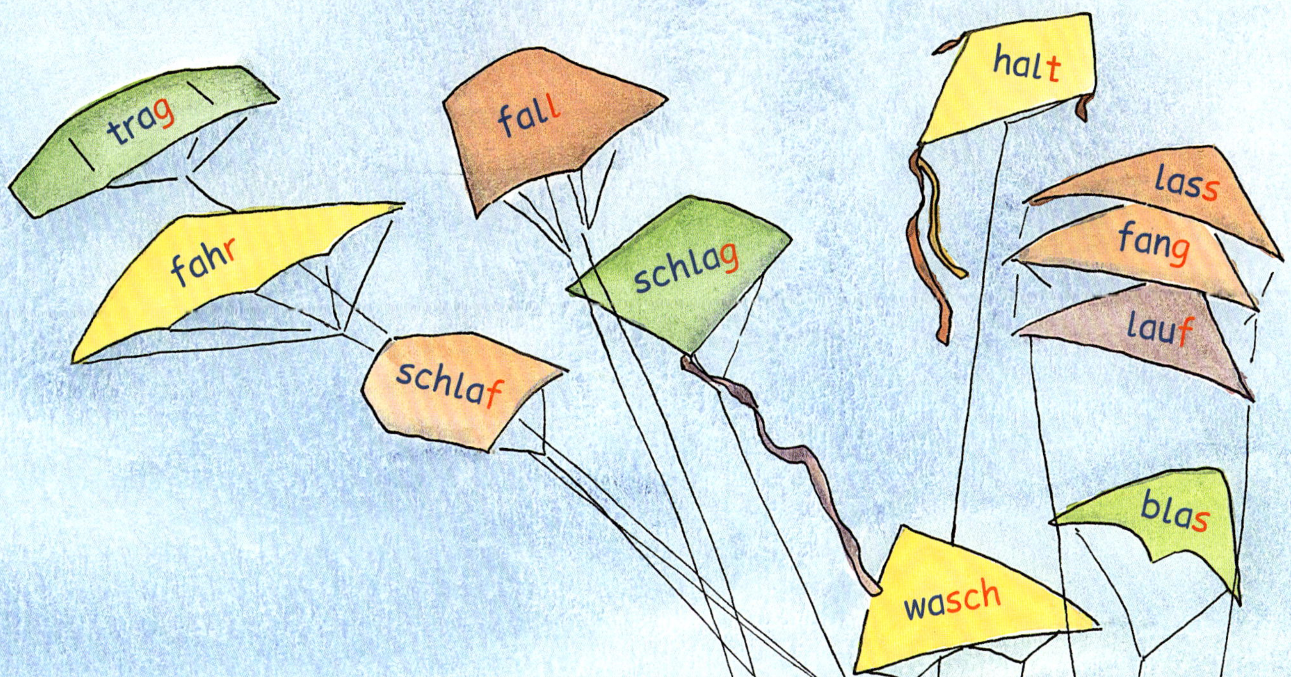

Umlaute in der er-Form – Wir leiten ab

trag

fahr

fall

schlaf

schlag

halt

lass

fang

lauf

wasch

blas

en

In den Drachen befinden sich Wortstämme verschiedener Verben.

1. Bilde die Grundform und die er-Form:

Grundform	er-Form
fallen	er fällt

2. Welche Verben aus Aufgabe 1 passen? Schreibe in dein Heft.

Das Mädchen 🍂 den Korb.
Das Auto 🍂 schnell.
Der Junge 🍂 im Bett.
Die Katze 🍂 eine Maus.

Das Mädchen 🍂 schnell.
Der Vater 🍂 die schmutzige Hose.
Das Blatt 🍂 vom Baum.
Der Wind 🍂 stark.

*Schleich*dikt*at*

Lege den Text an eine Stelle im Klassenzimmer.

Schleiche zu deinem Text.

Lies dir einen Satz genau durch.

Merke dir den Satz gut.

Schleiche zurück an deinen Platz.

Schreibe den Satz aus dem Gedächtnis auf.

Sprich die Wörter leise mit.

Schreibe so den gesamten Text.

Hole den Text leise zu deinem Platz.

Überprüfe und verbessere.

Schreibe diesen Text als Schleichdiktat in dein Heft.

Herbst

Im Herbst weht der Wind.

Er bläst die Blätter von den Bäumen.

Die Kinder sammeln Eicheln und Kastanien.

Sie rennen über die Felder.

Sie lassen den Drachen steigen.

Das ist schön.

Eine Bildergeschichte schreiben

1. Betrachtet die Bilder. Erzählt die Geschichte.

2. Ordnet jedem Bild den passenden Satz zu.

Hanna und ihr Drachen

a) Plötzlich stürzt der Drachen ab.

b) Mit einer Leiter holt die Mutter den Drachen herunter.

c) Es ist Herbst. Hanna lässt auf einer Wiese ihren Drachen steigen.

d) Er bleibt im Baum hängen.

3. Schreibe die Geschichte in der richtigen Reihenfolge auf.

4. Wie könnte die Geschichte weitergehen?
   Schreibe den Schluss der Geschichte.

Was habe ich gelernt? – 3

Verben (Seite 34 – 39, Lösungsbeilage Seite 2, 3)

1. Finde die Verben und schreibe sie auf.

SINGENKINDSORECHNENSCHREIBENFAMILIEBALDROSENFINDENFÜHREN

2. Schreibe den Wortstamm folgender Verben auf:

bellen   reisen   schlafen   bremsen   reden   wünschen

3. Ergänze die Sätze mit einem passenden Verb in der er-Form.

Ben _____ mit seinem Freund Fußball.

Aysun _____ ein Bild für ihre Tante.

Timo _____ über einen Witz.

Gökhan _____ gerne Limonade.

Hanna _____ einen Brief an ihre Freundin.

Eva _____ mit ihrem Hund in den Park.

lachen   gehen   trinken   malen   spielen   schreiben

4. Bilde die er-Form. Denke dabei an die Häuschen A und C.

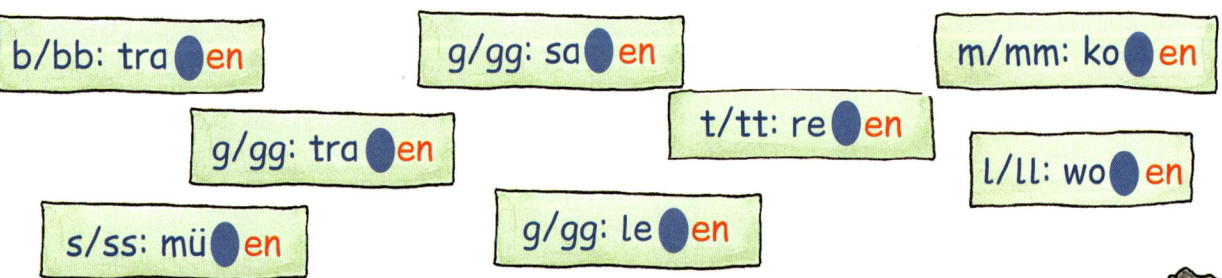

b/bb: tra●en   g/gg: sa●en   m/mm: ko●en

g/gg: tra●en   t/tt: re●en

g/gg: le●en   l/ll: wo●en

s/ss: mü●en

5. Schreibe den Text mit den richtigen Verbformen ab.

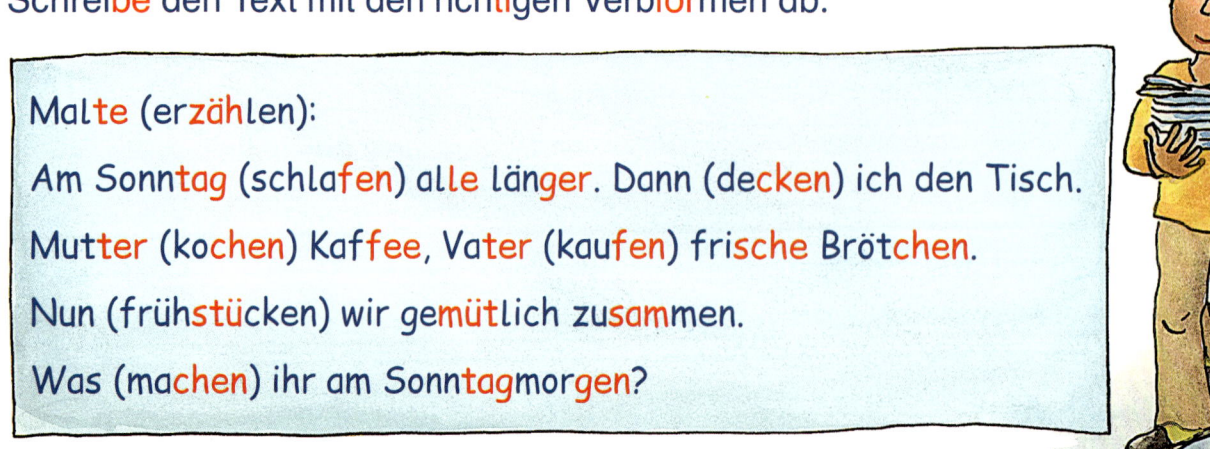

Malte (erzählen):

Am Sonntag (schlafen) alle länger. Dann (decken) ich den Tisch.

Mutter (kochen) Kaffee, Vater (kaufen) frische Brötchen.

Nun (frühstücken) wir gemütlich zusammen.

Was (machen) ihr am Sonntagmorgen?

Umlaute Ä/ä, Äu/äu (Seite 40, 41, Lösungsbeilage Seite 3)

6. Schreibe die Wörter in der Einzahl und in der Mehrzahl mit Artikel auf.
Setze E/e oder Ä/ä ein.

Gr●ser   ●pfel   Br●tter   L●mmer   ●ste

K●mme   M●nner   ●nten   G●nse   D●lfine

7. Schreibe die Wörter in der Einzahl und in der Mehrzahl mit Artikel auf.
Setze Äu/äu oder Eu/eu ein.

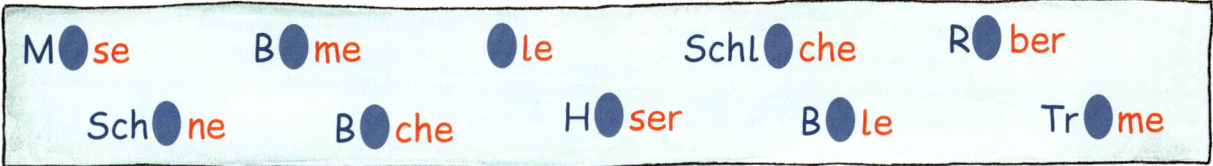

M●se   B●me   ●le   Schl●che   R●ber

Sch●ne   B●che   H●ser   B●le   Tr●me

8. Schreibe die Grundform und die er-Form auf. Setze ä oder e ein.

er tr●gt   er l●bt   er h●lt   er f●hrt   er f●gt

er bl●st   er schl●ft   er l●sst   er f●llt   er st●llt

Lerntagebuch

Schreibe in dein Lerntagebuch, was du gelernt hast.
Wie gut kannst du die Aufgaben? Male ☺ ☺ ☹.
Was möchtest du noch üben?

Was habe ich gelernt?

- Ich erkenne Verben und schreibe sie klein.
- Ich erkenne den Wortstamm.
- Ich kann alle Verbformen bilden.
- Ich kann entscheiden, wenn die er-Form
  mit einem doppeltem Mitlaut geschrieben wird.
- Ich kann entscheiden, wann ein Wort mit
  Ä/ä oder Au/Äu geschrieben wird.
- Ich kann die Wörter der Wortliste richtig schreiben.

Das möchte ich noch üben:

Wortliste

Bäume

Drachen

Feld

Herbst

Kastanie

Mädchen

Nuss

pfeifen

pflücken

rennen

spielen

von

Wiese

Wind

Ich – Du – Wir: Kennst du mich?

Ja, ich habe einen roten, warmen Pullover an.

Nein, ich habe eine braune, lange Hose an.

Richtig! Ich habe lange, blonde Haare.

Adjektive

Adjektive beschreiben Nomen genauer.
Wir schreiben sie klein.
die braune Hose – Die Hose ist braun.

1. Wie beschreiben die Kinder Hanna?

2. Welche Sätze beschreiben Hanna am genauesten?

Sina und Malte schneiden die Sätze auseinander und setzen Adjektive ein.

Die Adjektive liegen zwischen Artikel und Nomen.

Sieht aus wie eine Treppe!

Sie hat eine Hose an.

Sie hat eine braune Hose an.

Sie hat eine braune , lange Hose an.

3. Baue eine Satztreppe wie Sina und Malte.
Schreibe alles auf Papierstreifen und
zerschneide die Sätze an der richtigen Stelle.
Lege die Adjektive dazwischen.

4. Schreibe die Satztreppe in dein Heft:
Sie hat einen …

5. Was kannst du noch beschreiben?
Schreibe wie bei Aufgabe 4.

Adjektive

> Ich heiße Hanna Müller.
>
> Meine Augen sind blau.
>
> Meine Haare sind lang und blond.
>
> Mein Pullover ist rot und warm.
>
> Meine Hose ist braun und lang.
>
> Meine Schuhe sind braun.

1. Wie beschreibt sich Hanna?

2. Fertige ein „Das bin ich"-Blatt an:

   Beschreibe dich selbst und male ein Bild von dir dazu.

3. Stellt eure Beschreibungen vor und hängt sie in der Klasse auf.

Hanna stellt andere Kinder vor.

Lea

Max

Aysun

Keno

Luise

geschickt

lustig

sportlich

fleißig

musikalisch

Lea ist lustig.
Hier ist die
lustige Lea.

4. Ordne den Kindern die Adjektive zu und schreibe so:

   Lea ist lustig. –

   Hier ist die lustige Lea.

5. Schreibe fünf weitere Satzpaare.

   Die Aufgabe ist leicht. –

   Das ist eine leichte Aufgabe.

Adjektive – Gefühle

So fühlt sich Hanna manchmal …

a)
b)
c)
d)

e)
f)
g)
h)

1. Betrachtet die Bilder. Wie könnte sich Hanna fühlen?
   Woran erkennt ihr das?

Ich denke, Hanna ist fröhlich, weil …

Ich vermute, Hanna ist …

Ich meine, dass Hanna …

2. Ordne die Adjektive den Bildern zu.
   a) Sie ist traurig.
   b) Sie ist …

zornig fröhlich traurig mutig satt durstig müde ängstlich

3. Wann fühlst du dich fröhlich, ängstlich, zornig …?

4. Ich: Finde fünf Adjektive und schreibe sie auf.
   Du: Stelle deinem Partner die Adjektive vor.
   Wählt zwei Adjektive aus. Wie könnt ihr sie pantomimisch darstellen?
   Wir: Stellt die Adjektive pantomimisch der Klasse vor.

Adjektiv-Probe

1. Schritt

Beantwortet das Wort folgende Fragen:

- Wie ist jemand?
- Wie ist etwas?

2. Schritt

Kann ich das Wort zwischen Artikel und Nomen setzen?

das kleine Kind
der runde Ball

3. Schritt

Gibt es ein gegensätzliches Wort?

groß – klein
rund – eckig

1. Wie findet Hanna heraus, ob ein Wort ein Adjektiv ist?

2. Schreibe zu jedem Adjektiv das gegensätzliche Wort so auf:

nicht dunkel, sondern hell

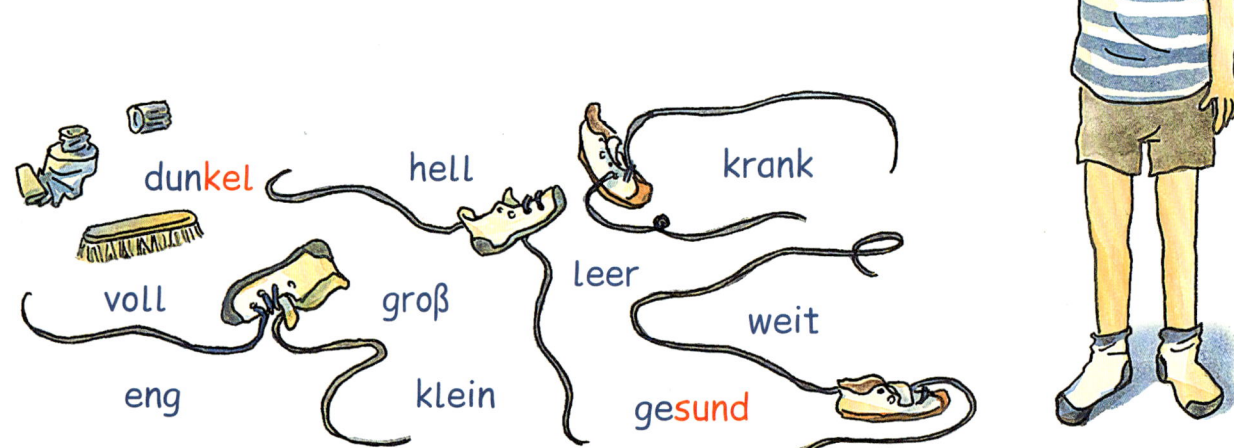

dunkel   hell   krank
leer
voll   groß   weit
eng   klein   gesund

3. Kennst du noch mehr Gegensatzpaare? Schreibe wie in Aufgabe 2.

4. Finde die Adjektive und wende die Adjektiv-Probe an.
fleißig
1. Der Junge ist fleißig.
2. der fleißige Junge
3. fleißig – faul

FLEISSIG   FUSS
NEU
GUT   ABER
MUND   SCHÖN
BÖSE   LEBEN

Wörter mit ß

1. Finde die Reimwörter und schreibe so:
   Fuß – Gruß

Fuß reißen heiß gießen Gruß heißen schließen weiß

2. Trage die Wörter aus der Wörterschlange
   in die Tabelle ein.

Nomen	Verben	Adjektive
Spaß		

ßßß

SpaßweißFußbeißenGrußgroßgießenStraßereißensüßschließenheiß

Heute ist es hei●.
Die Kinder sind drau●en im Garten und
spielen Fu●ball. Plötzlich fliegt der Ball
auf die Stra●e. Das ist kein Spa●,
das kann sehr gefährlich werden.

3. Schreibe den Text in dein Heft
   und ergänze die fehlenden
   Buchstaben:
   Heute ist …

Aussagesatz – Bei uns zu Hause

Für Familie Müller gibt es viel zu tun.
Es ist gut, dass sich alle die Arbeit teilen.

1. Welche Arbeiten erledigen die einzelnen Familienmitglieder?

2. Schreibe auf, was bei Familie Müller jeder tut:

   Hanna saugt den Teppich.

Hanna	
Ben	
Eva	
Mutter	
Vater	

kaufen

bügeln

putzen

kochen

saugen

den Teppich
eine Suppe
den Boden
die Wäsche
Brot

3. Welche Aufgaben übernehmen die Familienmitglieder bei dir zu Hause?
   Schreibe auf.

r nach Selbstlaut

Kartoffeln
scharf
Kerngehäuse
Birnen
Gurke
gern
Würstchen
für

Ein r nach einem Selbstlaut kann man schlecht hören.

1. Welche Arbeiten werden in der Küche erledigt?

2. Sprecht die Wörter mit einem r nach einem Selbstlaut deutlich und gebärdet jeweils das r.

Birnen

3. Schreibe den folgenden Text ab und ergänze die fehlenden Wörter.
   Unterstreiche alle r nach einem Vokal.

Küchenarbeit

Mutter schält 🍲 und kocht eine Suppe mit 🥄 .

Eva schält eine 🥣 mit einem 🥄 Messer.

Ben schneidet 🥣 und entfernt das 🥣 .

Dazu gibt es 🥄 jeden eine Kugel Eis. Das essen alle 🥣 .

4. Lass dir die Wörter von deinem Partner diktieren.
   Unterstreiche alle r nach einem Selbstlaut.

Garten   Wort   arbeiten   schwarz

Partner   lernen   turnen

Höflich miteinander sprechen

A
Au, du hast mir wehgetan!

Das tut mir leid, ich habe dich nicht gesehen.

B
Schlagt bitte Seite 65 auf!

Könnten Sie bitte die Seitenzahl wiederholen?

C
Ich habe das nicht verstanden. Kannst du es mir bitte noch einmal erklären?

Gerne!

D
Mir hat gefallen, dass du so lebendig erzählt hast.

Wer war noch dabei?

Schreibkonferenz

1. Was ist geschehen? Erzählt zu den Situationen A, B, C und D.

2. Wie sprecht ihr höflich mit anderen?
   Die Bilder unten können helfen.

3. Spielt verschiedene Szenen der Klasse vor.

Partnerdiktat

Finde einen Partner.

Lest beide den Text gut durch.

Wer diktiert zuerst?

Lies deinem Partner immer zuerst den ganzen Satz vor.

Diktiere immer bis zum Schrägstrich.

Danach diktiert dir dein Partner den Text.

Tauscht die Hefte.

Überprüft die Diktate mit der Vorlage.

Unterstreicht die Fehler.

Tauscht die Hefte wieder.

Schreibt die fehlerhaften Wörter richtig in euer Heft.

Schreibt den Text als Partnerdiktat ins Heft.

Meine Familie

Ich wohne / mit meinen Eltern / und meinem Bruder /

in einem großen Haus.

Bei uns / gibt es / viel zu tun.

Mutter kocht / und bügelt.

Vater saugt / und spült die Teller.

Mein Bruder / und ich / räumen / unsere Zimmer auf.

So sind wir / schnell fertig.

Was habe ich gelernt? – 4

Adjektive (Seite 46 – 49, Lösungsbeilage Seite 3)

1. Bilde eine Satztreppe. Setze die Adjektive in der richtigen Form ein.

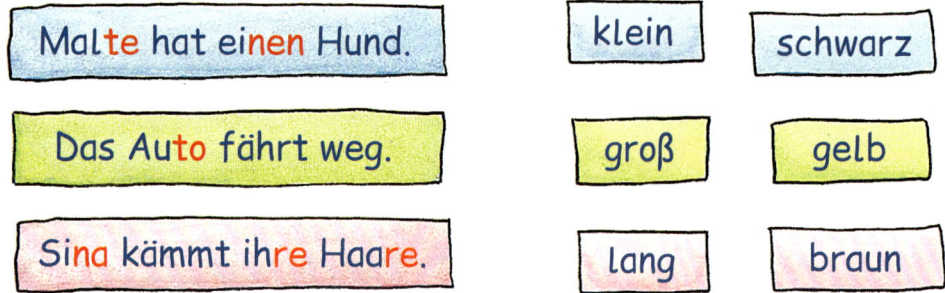

Malte hat einen Hund.	klein	schwarz
Das Auto fährt weg.	groß	gelb
Sina kämmt ihre Haare.	lang	braun

2. Finde die Adjektive und schreibe die Gegensatzpaare auf.

laut   und   wenn   leise   reisen   süß

lachen   klein   auf   nie   groß   tun

sauer   fleißig   schlafen   faul

Wörter mit ß und mit r nach Vokal (Seite 51, 53, Lösungsbeilage Seite 3)

3. Schreibe die Sätze ab und ergänze die Wörter mit ß.

In der ✿ Pause spielen die Kinder Ball.

Max stößt sich den ✿ an einem Stein an.

Heute arbeiten alle Kinder ✿ .

Schokolade ist ✿ .

Die Suppe schmeckt ✿ am besten.

Rätsel lösen macht allen Kindern ✿ .

fleißig

süß

heiß

groß

Spaß

Fuß

4. Sprich die Verben deutlich und gebärde alle r nach dem Vokal.
   Schreibe zu jedem Verb die er-Form und unterstreiche alle r.

dürfen   lernen   antworten   turnen   warten   arbeiten

Verben (Seite 52, Lösungsbeilage Seite 4)

5. Schreibe den Text ab und ergänze die Verben in der richtigen Form.

> Ich (haben) einen älteren Bruder. Er (heißen) Ben.
>
> Am Samstag (helfen) wir unseren Eltern im Haushalt.
>
> Eva (wischen) den Boden. Ben (gehen) zum Bäcker.
>
> Ich (saugen) die Zimmer und (putzen) das Waschbecken.
>
> Was (machen) du zu Hause?
>
> Wenn alle mit (anfassen), (können) ihr eher etwas gemeinsam unternehmen.

Doppelkonsonanten (Seite 28, 29, Lösungsbeilage Seite 4)

6. Schreibe die Wörter richtig auf. Denke an die Häuschen A und C.

t/tt: Va⬤er   d/dd: Bru⬤er   m/mm: Zi⬤er   l/ll: schne⬤er

p/pp: Pu⬤e   l/ll: Te⬤er   l/ll: Wo⬤e   t/tt: Ke⬤e   p/pp: Su⬤e

Lerntagebuch

Schreibe in dein Lerntagebuch, was du gelernt hast.
Wie gut kannst du die Aufgaben? Male ☺ ☺ ☹.
Was möchtest du noch üben?

Was habe ich gelernt?

- Ich erkenne Adjektive und schreibe sie klein.
- Ich kann eine Satztreppe mit Adjektiven bilden.
- Ich kenne Wörter mit ß.
- Ich kann Wörter mit r nach einem Vokal richtig schreiben.
- Ich kann alle Verbformen bilden.
- Ich kann die Wörter der Wortliste richtig schreiben.

Das möchte ich noch üben:

Wortliste

Bruder
fleißig
Fußball
groß
Gruß
Gurke
heiß
Mutter
Spaß
traurig
Vater
weiß
Zimmer

Advent – Weihnachten

Mein Wunsch-
zettel:
1 Computer-
spiel
1 Basketball

Wunschzettel:
1 CD
1 Einrad
1 Pulli
1 Spiel

ich wünsche mir
1 Piraten schiff

1. Was bereiten die Kinder der Klasse 2c
für Weihnachten vor? Erzählt.

2. Ich: Welche Ideen hast du für Weihnachten? Schreibe sie auf ein Blatt.

Du: Welche Vorschläge hat dein Partner? Wählt einen Vorschlag aus.

Wir: Stellt eure Vorschläge der Klasse vor und stimmt darüber ab,
welche Vorschläge ihr umsetzen wollt.

3. Bilde Sätze und schreibe so in dein Heft:

Hanna flötet ein Lied.

Hanna	flöten	ein Lied
Malte	falten	Sterne
Aysun	schneiden	mit der Schere
drei Jungen	backen	Plätzchen
die Lehrerin	schmücken	das Fenster

Wunschzettel schreiben – Zusammengesetzte Nomen

Mein Wunschzettel
Ich wünsche mir eine Ritterburg,
ein Märchenbuch und einen
Fußball.
Ich wünsche mir auch, dass meine
Oma wieder gesund wird.

Malte

1. Lest Maltes Wunschzettel. Kann man alle Wünsche kaufen?

2. Nennt weitere Wünsche, die man nicht kaufen kann.

3. Was wünschst du dir?
   Schreibe deinen Wunschzettel.

4. In Maltes Wunschzettel sind
   vier zusammengesetzte Nomen.
   Aus welchen Nomen bestehen sie?

5. Schreibe die zusammengesetzten
   Nomen so auf:
   der Wunsch, der Zettel: der Wunschzettel

6. Bilde aus den Nomen zusammengesetzte Nomen.
   Schreibe wie in Aufgabe 5.

Zusammengesetzte Nomen

Nomen kann man zusammensetzen.
Sie besitzen den Artikel des
letzten Nomens.
der Ritter, die Burg: die Ritterburg

Spielzeug
Puppen
Eisen
Detektiv
Kasper
Ohr

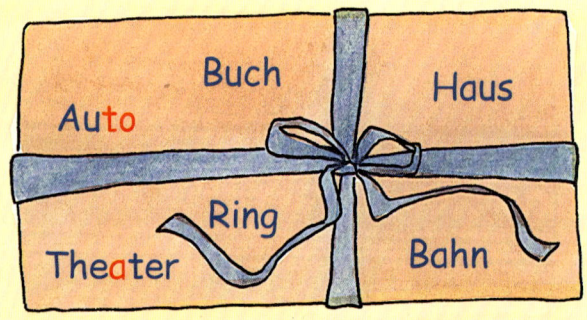

Buch
Haus
Auto
Ring
Theater
Bahn

Verbindungs-s

Advent — Kalender

s

Adventskalender

Lieder

Kerze

Gedicht

Kranz

Was müsst ihr bei einigen zusammengesetzten Nomen beachten?

1. Welche Adventswörter könnt ihr noch bilden?
   Sprecht sie deutlich. Was ist anders als bei
   den zusammengesetzten Nomen von Seite 60?

2. Schreibe die Adventswörter so auf. Unterstreiche das Verbindungs-s:
   der Advent, der Kalender: der Adventskalender

Weihnacht - s - wörter

Engel

Karte

Baum

Freude

Gruß

Post

Sterne

Fest

Brief

Zeit

3. Bilde Weihnachtswörter und schreibe wie bei Aufgabe 2.
   Unterstreiche auch hier das Verbindungs-s.

4. Was machst du in der Advents- oder Weihnachtszeit?
   Verwende die Advents- oder Weihnachtswörter für deinen Text.

Eine Backanleitung schreiben

Malte und seine Familie wollen Plätzchen backen.
Leider ist das Rezept schon ganz verkleckert.

Rezept für Butterplätzchen

500 g M

½ Päckchen Back

1 Päckchen Vanille

125 g Zu   er

250 g B   ter

2 Ei

1. Schreibe die Zutatenliste ab und ergänze die fehlenden Buchstaben:
   Zutaten für Butterplätzchen
   500 g ...

Malte bereitet den Teig zu:

Zuerst siebt man das   in eine Schüssel.
Dann fügt man   r,   r,   ,
1 Päckchen   und
ein ½ Päckchen   dazu.
Nun verknetet man alle Zutaten.
Anschließend lässt man den Teig
eine Stunde im Kühlschrank
ruhen.

2. Schreibe den Text ab und
   ergänze die Zutaten:
   Zuerst siebt ...

3. Wer macht was? Erzählt.

4. Stellt es spielerisch dar.

knetet Mutter den Teig.	den Teig rollt aus. Malte	pinselt das Blech Vater mit Butter ein.	Lena Plätzchen sticht aus und auf das Blech. legt sie	Arne das Blech in den Backofen. schiebt

5. Schreibe auf, was jeder macht:
   Mutter knetet den Teig.

6. Welche Wörter gehören zusammen?
   Zeichne eine Tabelle und schreibe so:

Grundform	er-Form
kneten	sie knetet

7. Was sind deine Lieblingsplätzchen?
   Schreibe das Rezept auf ein Blatt.

8. Sammelt die Rezepte in der Klasse und
   macht ein Buch daraus.

rollt aus

pinselt ein

knetet

sticht aus

legt auf

schiebt

ausrollen

kneten

einpinseln

schieben

ausstechen

auflegen

1. Sprecht und klatscht die Nomen.

 2. Schreibe die Nomen in Häuschen A oder Häuschen C.

 So●en

 We●er

 Ha●en

 Schne●e

 Kü●en

 E●e

 Flo●en

 Kra●e

 Bä●er

 Sä●e

k/ck: So●en

S o ● ●en | Socken

3. Sprecht und klatscht die Verben.

4. Trage die Verben in Häuschen A oder Häuschen C ein.

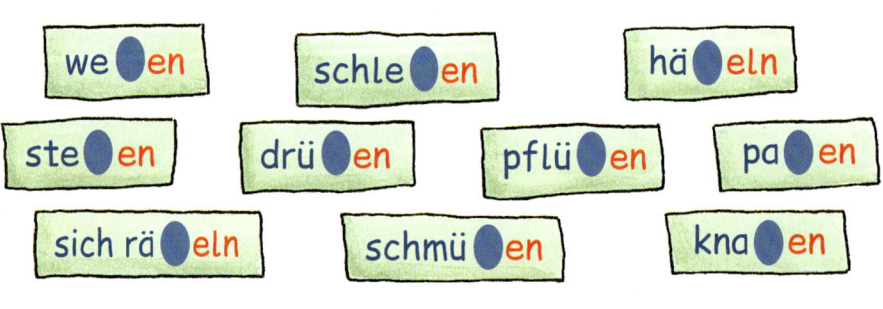

we●en   schle●en   hä●eln

ste●en   drü●en   pflü●en   pa●en

sich rä●eln   schmü●en   kna●en

5. Schreibe die Sätze ab und setze k oder ck ein.

Sprich und klatsche die Grundform.

Vater …

Vater schmü●t den Baum.

Mutter ba●t Plätzchen.

Oma stri●t So●en.

Hanna hä●elt Topflappen.

nk oder ng – Höre den Unterschied

Bei sinken höre ich das k als Starter der zweiten Silbe.

sinken

singen

Bei singen höre ich kein k, deshalb schreibe ich ng.

1. Wann schreibt ihr nk oder ng?

2. Immer zwei Wörter reimen sich. Finde die Wortpaare und schreibe so:

   schenken – denken

   winken – …

trinken   krank
Ring
denken   Schlange

Lunge   danken
Ding   Junge
tanken   winken
bringen

singen   Bank
schenken
Zange

3. Schreibe die Sätze ab und ergänze ng oder nk.

   Im Schrank liegen …

Im Schra● liegen die Kleider.

Die Kinder si●en Weihnachtslieder.

Der Hund spri●t hoch.

Manchmal si●en Schiffe im Meer.

Sie basteln E●el aus Goldpapier.

Der Großvater liest dem E●el vor.

Im Hafen liegen viele Schiffe e● beieinander.

4. Besprecht eure Ergebnisse.

Er deutet mit dem Fi●er auf ein Schiff.

Max freut sich schon auf Weihnachten.

Er hat ein Foto ausgeschnitten und Sätze dazugeschrieben.

Wir <u>kaufn</u> gemeinsam einen Weihnachtsbaum.

<u>Vata</u> stellt den Baum im Wohnzimmer auf.

Meine <u>Schwesta</u> und ich schmücken ihn mit <u>rotn</u> <u>Kugln</u>.

Die Lehrerin hat die Wörter unterstrichen, die falsch geschrieben sind.

1. **Ich:** Schau dir die unterstrichenen Wörter genau an.
   Was hat Max nicht beachtet?
   Du: Was hat dein Partner herausgefunden?
   Schreibt die Wörter richtig auf.
   Wir: Warum hat die Lehrerin die Wörter unterstrichen?
   Sprecht über eure Begründungen in der Klasse.

> Ich schreibe die Wörter in Häuschen.

-en, -el, -er am Wortende

Das e in den Wortbausteinen -en, -el und -er kannst du am Wortende schlecht hören. Mit den Häuschen kannst du die Schreibweise überprüfen.

2. Schreibe die Wörter ab und ergänze die Wortbausteine -en, -el oder -er.
   Vergleiche mit deinem Partner.

Mutt⬤	Nad⬤	wünsch⬤	Neb⬤	hör⬤
Nud⬤	Schwest⬤	Onk⬤	Fed⬤	Brud⬤
les⬤	Es⬤	Fenst⬤	mal⬤	Wurz⬤

Kleines Hirtenspiel

Erzähler: Auf dem Feld sind Hirten bei ihrer Herde.

Da sehen sie einen hellen Stern.

1. Hirte: Schaut, ein ganz heller Stern!

2. Hirte: Was soll das bedeuten?

Erzähler: Auf einmal kommt ein Engel zu ihnen.

1. Hirte: Ein Engel!

2. Hirte: Ich hab' Angst!

Engel: Habt keine Angst. Jesus ist geboren.

Ihr werdet ihn in einem Stall in einer Krippe finden.

1. Hirte: Ich schenke ihm ein Lämmchen.

2. Hirte: Kommt, wir gehen zu dem Stall.

 1. Lest das Hirtenspiel mit verteilten Rollen.

2. Könnt ihr es in eure Mundart „übersetzen"? Vergleicht.

 3. Das Krippenspiel könnt ihr als Gruppe (mindestens 4 Kinder) aufführen:

- Teilt die Rollen auf.
- Jedes Kind lernt seine Rolle möglichst flüssig auswendig.
- Überlegt euch, wie ihr die Szene darstellen wollt.
  Probiert verschiedene Möglichkeiten aus und sprecht darüber.

4. Ihr könnt das Krippenspiel eurer Parallelklasse vorspielen oder bei einer Weihnachtsfeier aufführen.

Sachtext: Weihnachten in Polen

Wesołych Świąt Bozezgo Narodzenia
(Frohe Weihnachten)

1 Ich heiße Tomasz und komme aus Polen.
Wigilia feiern wir zusammen mit meinen
Großeltern, Tanten und Onkeln.
Am frühen Morgen schmücke ich mit
5 meinen Eltern und meinen Geschwistern
den Weihnachtsbaum. Danach decken wir
den Tisch für den Abend. Für unerwarteten
Besuch stellen wir immer einen Teller
mehr hin. Wir legen unter jeden Teller ein
10 Geldstück, daneben eine Oblate mit einem
Heiligenbild.

Wenn der erste Stern am Himmel erscheint,
liest uns mein Vater die Weihnachts-
geschichte vor. Dann teilen wir mit jedem
15 unsere Oblate. Nun beginnt das
Weihnachtsessen. Es gibt zwölf Gerichte.
Am liebsten esse ich Rote-Bete-Suppe und
Mohnkuchen. Später singen wir Weihnachtslieder und beschenken uns. Danach gehen
20 wir alle zur Mitternachtsmesse in die Kirche.

1. Lies den Text.

2. Aus welchem Land kommt Tomasz?

3. Wie feiert Tomasz mit seiner Familie Wigilia (Heiligabend)?

4. Wie feierst du Heiligabend und Weihnachten?
Schreibe auf.

Sprachen vergleichen: Weihnachtsgrüße

In vielen Ländern wünschen sich die Menschen ein frohes Weihnachtsfest.

1. Lest die Weihnachtsgrüße in den verschiedenen Sprachen.
   Kennt ihr die Sprachen und Länder?

2. Vergleicht die Weihnachtsgrüße. Was fällt euch auf?

3. Beschreibt die Flaggen der einzelnen Länder.

4. Schreibe die Weihnachtsgrüße und das passende Land auf.
   Male die entsprechende Flagge dazu:
   Frohe Weihnachten: Deutschland

5. Sprich einen Weihnachtsgruß in einer Sprache.
   Dein Partner sagt, welche Sprache es ist.

6. Kennt ihr Weihnachtsgrüße in weiteren Sprachen?

Was habe ich gelernt? – 5

Nomen (Seite 60, 61, Lösungsbeilage Seite 4)

1. Bilde zusammengesetzte Nomen und schreibe sie auf.

Wortbausteine -en, -er, -el (Seite 66, Lösungsbeilage Seite 4)

2. Schreibe die Sätze ab und ergänze die Wortbausteine -en, -er oder -el.

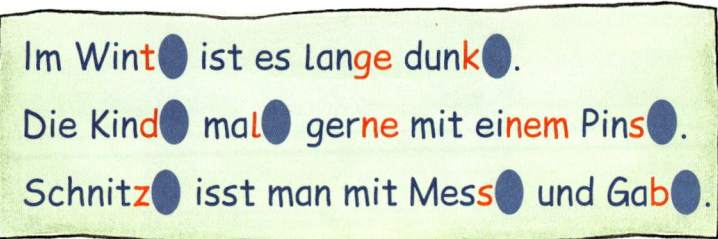

Im Wint⬤ ist es lange dunk⬤.

Die Kind⬤ mal⬤ gerne mit einem Pins⬤.

Schnitz⬤ isst man mit Mess⬤ und Gab⬤.

ng oder nk? (Seite 65, Lösungsbeilage Seite 4)

3. Schreibe den Text ab und ergänze ng oder nk.

Timo ist kra⬤. Er liegt mit einer Lu⬤enentzündu⬤ im Bett.
Da kli⬤elt es an der Haustür. Sein Freund Ben kommt ihn
besuchen. Er überreicht Timo ein kleines Gesche⬤.
Timo beda⬤t sich bei seinem Freund. Hoffentlich dauert es
nicht mehr la⬤e, bis er wieder gesund ist.

k oder ck? (Seite 64, Lösungsbeilage Seite 4)

4. Schreibe die Wörter auf und ergänze k oder ck.

le⬤er   Ha⬤en   schme⬤en   tro⬤en   E⬤e
dru⬤en   We⬤er   La⬤en   erschre⬤en   wa⬤eln

5. Schreibe die Sätze ab und ergänze k oder ck.

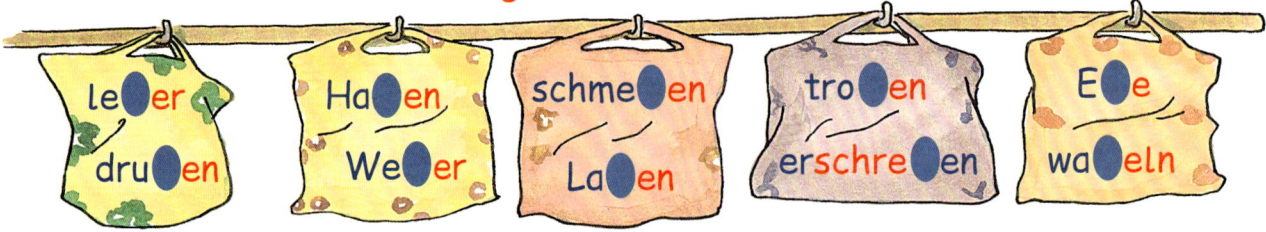

Eva hä⬤elt eine De⬤e.

Opa pflü⬤t Kirschen.

Oma ba⬤t einen Kuchen.

Sätze (Seite 59, 63, Lösungsbeilage Seite 4)

6. Bilde Sätze und schreibe sie auf.

<table>
<tr><td>die Jungen
Eva
die Katze
Hanna
die Kinder
Aysun</td><td>spielen
lesen
fangen
flöten
lernen
schreiben</td><td>Karten
in ihr Tagebuch
ein Lied
eine Maus
einen Wunschzettel
ein Gedicht</td></tr>
</table>

7. Bilde richtige Sätze und schreibe sie auf.

<table>
<tr><td>Anna
einen Stern
auf gelbes Papier
malt</td><td>schneidet aus
mit einer Schere
sie
den Stern</td><td>an das Fenster
sie
klebt
ihn</td></tr>
</table>

 Lerntagebuch

Schreibe in dein Lerntagebuch, was du gelernt hast.
Wie gut kannst du die Aufgaben? Male 😊 😐 ☹.
Was möchtest du noch üben?

Was habe ich gelernt?

- Ich kann zusammengesetzte Nomen bilden.
- Ich schreibe Wörter mit -en, -er und -el
  am Wortende richtig.
- Ich schreibe Wörter mit k und ck richtig.
- Ich höre den Unterschied zwischen ng und nk.
- Ich kann die Wörter der Wortliste richtig schreiben.

Das möchte ich noch üben:

 Wortliste

Advent
backen
knacken
Lied
Plätzchen
schenken
schmücken
singen
springen
Stern
trinken
Wecker
Weihnachten

Durch das Jahr

Winter

Frühling

Januar   Februar   März   April   Mai   Juni

1. **Ich:** Wie heißen die Jahreszeiten? Woran erkennst du sie?

   Du: Schreibe mit deinem Partner zu jeder Jahreszeit zwei Sätze auf.

   Im Frühling blühen die Osterglocken.

   Im Frühling …

   Wir: Stellt die Sätze in der Klasse vor.

Sommer Herbst Winter

Juli August September Oktober November Dezember

2. Wie viele Monate hat ein Jahr? Nennt sie.

3. In welchem Monat beginnen die Jahreszeiten? Schreibe so:
Der Frühling beginnt im ...

4. Welche Jahreszeit gefällt dir am besten? Schreibe in dein Heft und begründe.
Der ... gefällt mir am besten, weil ...

Die Monate

zuletzt Oktober, November, Dezember.

Es folgt August, danach September,

Es folgt der kurze Februar.

START

JANUAR

Auch Juni, Juli sind dabei.

Am Anfang steht der Januar.

Dann kommen März, April und Mai.

1. Die Raketen fliegen durcheinander.

   Schreibe in der richtigen Reihenfolge auf.

   <u>Die Monate im Jahr</u>

   Am Anfang …

2. Lerne das Gedicht auswendig und trage es vor.

3. In welchem Monat habt ihr Geburtstag?

4. Gestaltet einen Geburtstagskalender.

   Jeder schreibt seinen Namen und sein Geburtsdatum auf einen Zettel.

   Ordnet diese zuerst nach den Monaten, dann nach dem Tag.

   Schreibt eure Namen und eure Geburtstage in den Kalender.

Januar

Februar
1.2. Malte

März

April
4.4. Hanna
17.4. Aysun

Mai

Juni

Die Wochentage

Du kennst sicher die Geschichten vom Sams.

Dann weißt du auch, was geschehen muss, damit das Sams kommt.

Am  muss die Sonne scheinen.

Am  muss Herr Mon zu Besuch kommen.

Am  muss Herr Taschenbier Dienst haben.

Am  muss Mitte der Woche sein.

Am  muss es donnern.

Am  muss Herr Taschenbier frei haben.

Wenn das alles passiert, kommt am  das .

1. Schreibe die Sätze ab

und ergänze die passenden Wochentage:

Am Sonntag muss …

2. Zeichne die Tabelle ab und ergänze die Wochentage:

gestern	heute	morgen
	Montag	
	Donnerstag	
Samstag		
		Freitag

3. Vergleiche die Ergebnisse mit deinem Partner.

Eine Bildergeschichte schreiben

Timo hat mit seiner Mutter ein Wochenende bei seiner Oma verbracht.

1. Betrachtet die Bilder. Erzählt.

Mein Wochenende bei Oma

A Am Freitag habe ich mit meiner Mutter im Supermarkt eingekauft.

B Am Sonntagabend sind wir wieder nach Hause gekommen.

C Am Samstagnachmittag haben wir mit Oma den Tiergarten besucht.

D Am nächsten Tag sind wir früh zu Oma gefahren.

2. Was hat Timo über sein Wochenende berichtet?
   Schreibe in der richtigen Reihenfolge auf:
   Mein Wochenende bei Oma

3. Was hast du am letzten Wochenende gemacht?
   Berichte in deinem Heft.

4. Lest euren Wochenendbericht der Klasse vor.

5. Überprüft gemeinsam, ob ihr alles Wichtige berichtet habt.

6. Ergänze die fehlenden Angaben.

Wo seid ihr hingefahren?

Wie seid ihr dahin gekommen?

Was hast du am Samstag gemacht?

Wer war dabei?

Dosendiktat

 Schreibe jeden Satz auf einen Papierstreifen.

 Nummeriere alle Streifen.

 Lies den ersten Streifen und präge dir die Wörter ein.

 Stecke den Streifen in die Dose.

 Schreibe den Satz auswendig auf.

 Wenn du alle Sätze geschrieben hast, hole alle Streifen aus der Dose und prüfe.

Schreibe den Text als Dosendiktat in dein Heft.

1. Das Jahr

2. Wir teilen das Jahr in zwölf Monate ein.

3. Am ersten Januar beginnt das neue Jahr.

4. Der Frühling fängt im März an.

5. Ostern feiern wir im April.

6. Der Sommer kommt im Juni.

7. September, Oktober, November und Dezember gehören zum Herbst.

8. Weihnachten ist im Dezember.

Fragesatz

Fragesatz

Wenn wir etwas wissen wollen, stellen wir Fragen.
Als Satzschlusszeichen steht ein Fragezeichen.

1. Betrachtet das Bild. Erzählt.

2. Auf den Kärtchen findet ihr vier Fragen.
   Woran könnt ihr die Fragen erkennen?

Wo hält das Eichhörnchen seine Winterruhe?	Wer schläft im Winter in einem Laubhaufen?
Die Rehe finden wenig Nahrung.	Was macht eine Amsel, wenn sie friert?
Das Eichhörnchen schläft in einem Kobel.	Der Igel hält seinen Winterschlaf im Laubhaufen.
Warum füttern die Jäger die Rehe im Winter?	Die Amsel plustert sich auf.

3. Schreibe die Fragen mit der passenden Antwort so auf:

   (Wo) hält das Eichhörnchen seine Winterruhe (?)

Sachtext: Tiere im Winter

Datei Bearbeiten Ansicht   Chronik   Lesezeichen Extras Hilfe

Tiere im Winter   +

www. ...

Im Winter finden frei lebende Tiere wenig Nahrung. Sie verbringen diese schwierige Zeit auf verschiedene Weise.

Igel

Der Igel hält einen Winterschlaf, den er unter Laub, Steinhaufen oder Holzstapeln verbringt. Er schläft bis zu vier Monate ohne aufzuwachen. Im Herbst frisst sich der Igel eine dicke Fettschicht an, die den Körper mit Energie versorgt und ihn vor Kälte schützt.

Eichhörnchen

Das Eichhörnchen hält eine Winterruhe. Es schläft oft mehrere Tage lang in seinem Kobel hoch oben auf einem Baum. Dann verlässt es sein Nest und sucht Samen, Beeren und Nüsse, die es im Herbst versteckt hat.

1. Ich: Lies die Texte. Wie verbringen die Tiere den Winter?
   Du: Wähle mit deinem Partner ein Tier aus
      und schreibt Fragen zum Text.
      Mit den Wörtern auf den Karten könnt ihr gezielt fragen.
   Wir: Führt mit euren Fragen ein Quiz in der Klasse durch.

   wer   wie   wo   wann   warum   was

2. Wie verbringen andere frei lebende Tiere den Winter?
   Informiere dich in Sachbüchern oder im Internet.
   Schreibe zu einem Tier einen Text und male ein Bild dazu.

3. Stellt eure Texte vor und hängt sie in der Klasse auf.

b – p, d – t, g – k: Wir ver**längern**

So entscheiden Hanna und Malte, auf welchen Buchstaben
einsilbige Wörter enden:

Bei die**s**en
Wör**t**ern hören wir
am Ende k, p oder t.

Ber●   B e r   g e   →   Berg

er lo●t   l o   b e n   →   er lobt

run●   r u n   d e   →   rund

In der zwei**s**il**b**i**g**en
Form erkenne ich den
rich**t**igen Buchs**t**aben.

1. Warum bildet Hanna die zweisilbige Form?
   Sprich und schreibe bei den Wörtern der folgenden
   Aufgaben immer zuerst die zweisilbige Form.

2. Schreibe die Nomen zuerst in der Mehrzahl, dann in der Einzahl:
   die Körbe – der Korb

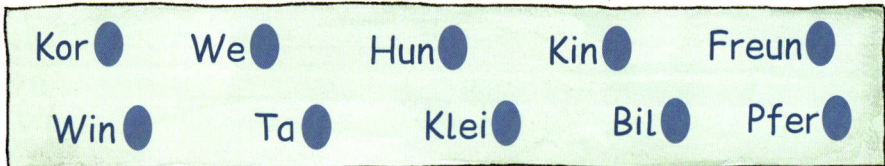

Kor●   We●   Hun●   Kin●   Freun●

Win●   Ta●   Klei●   Bil●   Pfer●

3. Bilde zu den Verben in der er-Form zuerst die Grundform:
   geben – er gibt

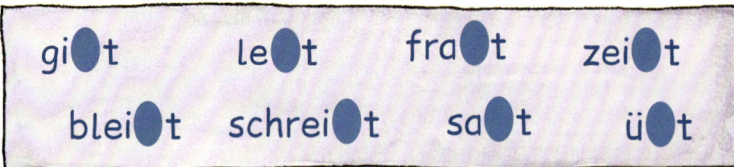

gi●t   le●t   fra●t   zei●t

blei●t   schrei●t   sa●t   ü●t

4. Suche ein passendes Nomen und schreibe so:
   der runde Ball – Der Ball ist rund.

run●   gel●   gesun●   blin●

Ein Wintergedicht schreiben

W eiße Flocken fallen.

I m Kamin knistert das Holz.

N achts wird es eisig kalt.

T ee wärmt uns auf.

E iszapfen hängen vom Dach.

R asende Fahrt auf dem Schlitten.

1. Lest die Anfangsbuchstaben der Zeilen senkrecht.
   Wie lautet das Wort?

Akrostichon

Ein Akrostichon ist ein Gedicht.
Die Buchstaben am Zeilenanfang werden
senkrecht gelesen und ergeben das Thema.

2. Gestalte ein Schmuckblatt:
   Wähle ein Wort aus.
   Schreibe ein Akrostichon und
   male dazu.

3. Stellt die Gedichte vor und
   hängt sie in der Klasse auf.

So kannst du ein Akrostichon schreiben:
- Schreibe ein Wort in Großbuchstaben senkrecht untereinander.
- Schreibe zu jedem Buchstaben ein Wort oder einen Satz.

Eine Bildergeschichte schreiben

 1. Betrachtet die Bilder. Erzählt.

2. Ich: Was könnte auf dem ersten Bild zu sehen sein?

      Male dazu auf ein Blatt.

  Du: Erzähle deinem Partner, was du gemalt hast.

  Wir: Vergleicht eure Bilder. Passen sie zu der Geschichte?

> Passen das Wetter und die Tageszeit?

> Stimmt die Kleidung der Kinder überein?

> Wo befinden sich die Kinder?

> Passt das Bild zum Geschehen der Geschichte?

3. Überarbeite dein Bild.

Der Anfang einer Geschichte gibt Auskunft auf folgende Fragen:

> **Wann** spielt die Geschichte?

> **Wer** kommt in der Geschichte vor?

> **Wo** spielt die Geschichte?

> **Was** geschieht?

4. In welchem Text sind alle Fragen berücksichtigt? Begründet.

> (A) Anna rast mit dem Schlitten den Berg hinunter.

> (B) Es ist ein schöner Wintertag. Max will hinter dem Haus Schlitten fahren.

> (C) Es hat geschneit. Xaver will einen Schneemann bauen.

5. Schreibe den Anfang der Schlittengeschichte. Nimm dein Bild zu Hilfe.

6. Bist du auf alle Fragen eingegangen? Überprüfe mit deinem Partner.

7. Schreibe die Geschichte weiter. Vergiss die Überschrift nicht.

8. Lest eure Geschichten vor und überprüft gemeinsam, ob ihr alles Wichtige geschrieben habt.

> Du hast deine Geschichte anschaulich erzählt.

> Die Überschrift fehlt noch.

> Wer baut den Schneemann wieder auf?

9. Ergänze die fehlenden Angaben in deiner Geschichte.

Was habe ich gelernt? – 6

b – p, d – t, g – k? (Seite 80, Lösungsbeilage Seite 4)

1. Schreibe die Wörter auf und ergänze die fehlenden Buchstaben.

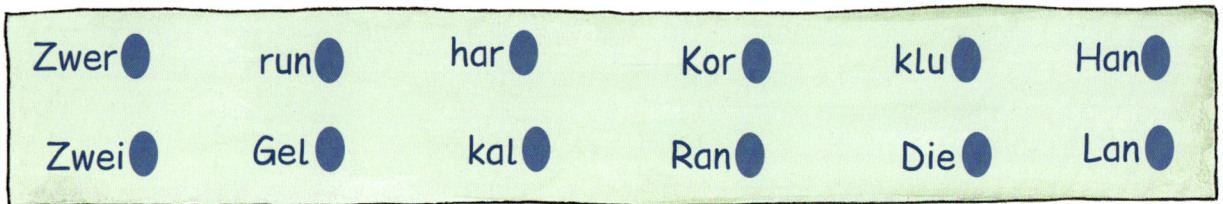

Zwer●   run●   har●   Kor●   klu●   Han●

Zwei●   Gel●   kal●   Ran●   Die●   Lan●

2. Schreibe die Sätze ab und ergänze die fehlenden Buchstaben.

Der Autofahrer hu●t vor dem Haus.

Der Hun● ist blin●.

Das Kin● fra●t die Lehrerin.

Das Pfer● tra●t über die Wiese.

Satzschlusszeichen (Seite 78, 79, Lösungsbeilage Seite 5)

3. Schreibe das Gespräch in der richtigen Reihenfolge auf.
   Ergänze einen Punkt oder ein Fragezeichen.

Was hast du in den Ferien gemacht

Woher hattet ihr das Holz

Ich habe einen Köcher für die Pfeile gebastelt

Wo bewahrst du die Pfeile auf

Ich habe einen Bogen mit meinem Opa gebaut

Wir haben einen Ast von einem Haselstrauch abgeschnitten

Fragesätze (Seite 78, 79, Lösungsbeilage Seite 5)

4. Lies den Text und schreibe Fragen dazu auf.
   Frage gezielt mit den Wörtern auf den Karten:

wer   wie   wann   wo   warum   was

Teichfrösche suchen sich im Herbst einen feuchten und
geschützten Platz in der Nähe eines Gewässers.
Sie verstecken sich unter Steinen oder Wurzeln und
fallen dort in eine Winterstarre. Ihr Herz schlägt sehr langsam
und man kann die Atmung fast nicht mehr spüren.
So können sie kalte Winter gut überstehen.

Geschichten schreiben (Seite 82, 83, Lösungsbeilage Seite 5)

5. Betrachte die Bilder genau.

Was könnte auf dem ersten Bild zu sehen sein? Überlege:

- Wann spielt die Geschichte?
- Wo spielt die Geschichte?
- Wer kommt in der Geschichte vor?
- Was geschieht?

6. Schreibe die Geschichte mit einer Überschrift auf.

Die Überschrift darf ich nicht vergessen.

 Lerntagebuch

Schreibe in dein Lerntagebuch, was du gelernt hast.
Wie gut kannst du die Aufgaben? Male ☺ ☺ ☹.
Was möchtest du noch üben?

Was habe ich gelernt?

- Ich schreibe einsilbige Wörter mit b – p, d – t, g – k am Wortende richtig.
- Ich kann Fragen bilden und richtig aufschreiben.
- Ich gebe am Anfang einer Geschichte Auskunft auf die Fragen:
  Wann ...?, Wo ...?, Wer ...?, Was ...?
- Ich kann die Wörter der Wortliste richtig schreiben.

Das möchte ich noch üben:

 Wortliste

Dienstag

er fragt

er gibt

er sagt

Freund

Frühling

Geburtstag

gelb

Hand

Jahr

Kleid

Monat

rund

Tag

Kennst du die Märchen?

a Knusper, knusper, knäuschen,
wer knuspert an
meinem Häuschen?

b Königstochter,
jüngste,
mach mir auf!

c Kikeriki, unsere
Goldmarie ist
wieder hie!

d Spieglein, Spieglein
an der Wand, wer
ist die Schönste im
ganzen Land?

e Die Guten ins Töpfchen,
die Schlechten ins
Kröpfchen.

1. Seht euch die Bilder an.
   Wie heißen die Märchen? Könnt ihr die Märchen erzählen?

   DerWolfunddiesiebenGeißleinDerFroschkönigHänselundGretelFrauHolle
   SchneewittchenRotkäppchenSterntalerDergestiefelteKaterAschenputtel

2. In den Steinen findet ihr Märchensprüche. Ordnet sie den Märchen zu.

3. Schreibe zu vier Märchen den
   dazugehörenden Märchenspruch auf:
   <u>Sterntaler:</u> Ach, gib mir etwas zu essen,
   ich bin so hungrig.

5

8

g

i
Mein Herr,
der große Graf,
schickt mich.

6

7

h
Ach, gib mir etwas
zu essen,
ich bin so hungrig.

f
Großmutter,
warum hast du so
große Augen?

g
Macht auf, ihr lieben
Kinder, eure Mutter ist
da und hat jedem etwas
mitgebracht!

4. Märchenfiguren haben oft gegensätzliche Eigenschaften.
   Schreibe die gegensätzlichen Adjektive so auf:
   gut – böse, arm – …

gut	arm	ungerecht	fleißig	schön	schwach
hinterlistig	dick	dünn	reich	faul	hässlich
stark	böse	•	ehrlich	gerecht	•

5. Welche Märchenfiguren haben solche Eigenschaften?

Großschreibung und Satzschlusszeichen

So hat ein Mönch im Mittelalter geschrieben:

> die faule tochter springt in den tiefen
> brunnen sie landet auf einer schönen wiese
> sie geht am qualmenden backofen vorbei
> sie hört nicht auf den apfelbaum
> sie will das weiße kissen nicht
> schütteln

1. Lies den Text. Was fällt dir auf?

2. Tausche dich mit deinem Partner aus.

3. Finde die Nomen im Text und schreibe sie
   in der Einzahl und in der Mehrzahl mit Artikel auf:
   die Tochter – die Töchter

4. Schreibe den ganzen Text so auf, wie er heute richtig ist.
   Setze Punkte an die Stellen, an denen du beim Lesen eine Pause machst.
   Schreibe die Satzanfänge und die Nomen groß:
   Die faule Tochter …

5. Vergleicht eure Texte.

6. Welchen Lohn erhält Pechmarie?

7. Spielt die Schlussszene nach.

Nachsilbe -chen

1. Lest die Fragen der Zwerge. Was fällt euch auf?

> Wer hat von meinem Tellerchen gegessen?

> Wer hat mit meinem Messerchen geschnitten?

> Wer hat auf meinem Stühlchen gesessen?

> Wer hat von meinem Brötchen genommen?

> Wer hat mit meinem Gäbelchen gestochen?

> Wer hat aus meinem Becherchen getrunken?

> Wer hat auf meinem Bettchen gelegen?

Nachsilbe -chen

An Nomen können wir die Nachsilbe -chen anhängen.

2. Schreibe auf, wie die Dinge bei den Zwergen heißen.
Das Wörterbuch hilft dir.

der Stuhl – das Stühlchen

3. Finde sieben weitere Nomen und schreibe sie wie in Aufgabe 2 mit der Nachsilbe -chen auf.

4. Welche Nomen hat dein Partner gefunden?

Nachsilbe -chen – Umlaute

Schneewittchen schaut ins Häuschen rein,
da sind die Dinge alle klein.

Nachsilbe -chen

Hängt man die
Nachsilbe -chen
an Nomen an, wird aus
a → ä, au → äu, o → ö, u → ü.

1. Welche Dinge kann Schneewittchen im Häuschen der Zwerge sehen?
   Schreibe die Nomen auf.

2. Lies deinem Partner die Nomen vor.
   Dein Partner nennt das entsprechende Nomen mit der Nachsilbe -chen.

3. Bilde neue Nomen mit der Nachsilbe -chen:
   das Glas – das Gläschen

Glas	Strauß	Brot	Tür	Dose
Gabel	Maus	Wald	Baum	Uhr
Socke	Stuhl	Sack	Jacke	Haus
Hose	Blume	Vase	Hut	Schrank

4. Was fällt euch bei der Bildung von
   Blümchen, Jäckchen … auf?

   Mir fällt auf,
   dass …

Nachsilbe -chen

Schneewittchen geht durch ein kleines  .

Unterwegs sieht es winzige  und  .

Dann kommt es an ein niedriges  .

Es öffnet das schmale  .

Darin steht ein kleines  mit sieben  .

Müde legt es sich in ein kurzes  und schläft ein.

1. Lest den Text und ersetzt die Bilder durch die passenden Nomen mit der Nachsilbe -chen.

2. Schreibe die Sätze auf:
   Schneewittchen geht durch ein kleines Wäldchen.

Lang oder kurz?

3. Klatscht und sprecht die Nomen.

4. Trage die Nomen in Häuschen A oder Häuschen C ein.

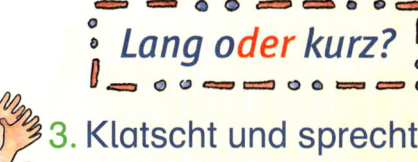
s/ss: Me●er

t/tt: We●er

s/ss: Ho●e

s/ss: Ta●e

k/ck: Ja●e

f/ff: O●en

Hänsel und Gretel

Im dunklen Wald haben Hänsel und Gretel eine Hexe getroffen.

Gleich darauf hat sie Hänsel in einen kleinen Stall eingesperrt.

Heute will ihn die böse Hexe verspeisen.

Sie zündet ein Feuer an und möchte ihn im heißen Ofen braten.

Doch Gretel stößt sie schnell hinein.

Die Hexe heult, doch Gretel schiebt
den Riegel vor die Ofentür.

Gretel befreit ihren Bruder und beide

gehen in das Haus der Hexe hinein.

In einer Ecke entdecken sie einen

Kasten mit Perlen und Edelsteinen.

Hänsel und Gretel freuen sich

über den Reichtum und stopfen

sich die Taschen voll.

Eilig gehen sie nach Hause.

 1. Ich: Lies den Text.

Du: Erzähle deinem Partner, was du gelesen hast.

Wir: Wer kennt den Anfang des Märchens? Erzählt.

2. Finde im Text alle Wörter mit ei und eu. Schreibe sie auf:

ei: ein, …

eu: heute, …

 3. Vergleiche die Ergebnisse mit deinem Partner.

4. Wie heißen die Wörter? Setze Ei/ei oder Eu/eu ein.

●s	n●	l●se	S●fe	zw●	Am●se
f●n	r●sen	Z●t	●ro	L●te	t●er

 5. Suche im Wörterbuch weitere Wörter mit Ei/ei und Eu/eu und schreibe sie auf.

Wer hat die meisten Wörter gefunden?

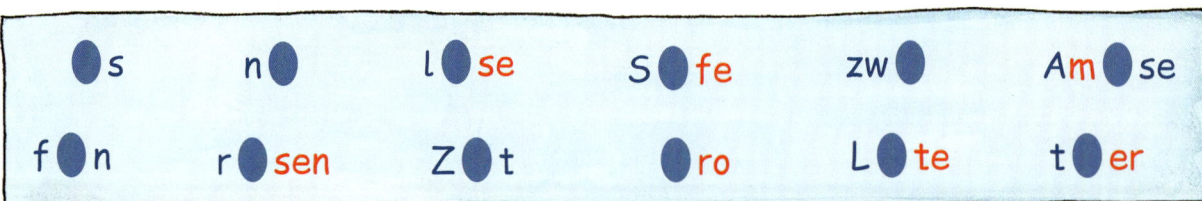

eu oder äu?

1. **Ich:** Lies die Wörter und überlege, ob du eu oder äu einsetzen musst.
   Schreibe die Wörter auf.
   Du: Vergleiche die Schreibweise der Wörter mit deinem Partner. Begründe.
   Wir: Findet in der Gruppe vier weitere Wörter mit eu und
   vier weitere Wörter mit äu. Ihr könnt dazu das Wörterbuch benutzen.

2. Stellt eure Wörter in der Klasse vor. Die Klassenkameraden schreiben
   das Wort richtig an die Tafel und begründen die Schreibweise.

3. Schreibe die Sätze ab und setze eu oder äu ein.
   Vergleiche mit deinem Partner.

   M●se sind sehr sch●e Tiere.

   Die R●ber verstecken die B●te in einer großen Sch●ne.

   Die F●erwehr löschte die brennenden H●ser.

Was habe ich gelernt? – 7

Nomen (Seite 89 – 91, Lösungsbeilage Seite 5)

1. Schreibe jedes Nomen mit der Nachsilbe -chen auf.

Gans Blume Schuh Schirm Ente
Rock Tor Maus Fenster Haus

2. Schreibe nur die Nomen auf. Wende die Nomen-Probe an (siehe Seite 13).

tasche leise neu stern kommen schere
füller scheinen hasen gemüse sitzen kissen

Adjektive (Seite 87, Lösungsbeilage Seite 5, 6)

3. Schreibe jeweils die gegensätzlichen Adjektive auf.

leise sauber klein dunkel tief schwer
schmutzig hell hoch leicht laut groß

4. Schreibe nur die Adjektive auf. Wende die Adjektiv-Probe an (siehe Seite 50).

STEIN KALT GEHT SCHÖN WEINT GESUND
BLEIBT DICK GROß PFERD GLÜCKLICH

5. Schreibe Satztreppen auf.

Die Kinder finden Edelsteine.   schön   groß

Goldmarie schüttelt die Kissen.   weiß   weich

Frau Holle ist eine Frau.   alt   gerecht

Eu/eu oder Äu/äu (Seite 92, 93, Lösungsbeilage Seite 6)

6. Schreibe die Sätze ab und setze Eu/eu oder Äu/äu ein.

> Die Verk●ferin gibt der Kundin n●n ●ro zurück.
> Die Kinder r●men die n●en Spielsachen weg.
> Viele L●te sehen das F●er.
> Die F●erwehrmänner rollen die Schl●che aus.

Großschreibung (Seite 88, Lösungsbeilage Seite 6)

7. Schreibe den Text ab. Setze Punkte und schreibe die Satzanfänge und Nomen groß.

sterntaler ist ein armes, kleines mädchen es hat keine eltern mehr es besitzt nur noch seine kleider und ein kleines stückchen brot allein geht es in die weite welt hinaus es verschenkt alle seine kleider und das brot auf einmal fallen die sterne als geldstücke vom himmel und es hat ein weißes hemdchen an

 Lerntagebuch

Schreibe in dein Lerntagebuch, was du gelernt hast.
Wie gut kannst du die Aufgaben? Male ☺ ☺ ☹.
Was möchtest du noch üben?

Was habe ich gelernt?

- Ich kann neue Nomen mit der Nachsilbe -chen bilden.
- Ich finde gegensätzliche Adjektive.
- Ich weiß, ob ich Wörter mit Eu/eu oder Äu/äu schreiben muss.
- Ich kann in Texten Punkte setzen und Satzanfänge und Nomen großschreiben.
- Ich kann die Wörter der Wortliste richtig schreiben.

Das möchte ich noch üben:

 *Wortliste*

Eis

er schickt

er träumt

Feuer

hässlich

Häuser

heute

Hexe

Märchen

neu

neun

Stuhl

Wetter

Immer wieder kommt ein neuer Frühling ...

1. **Ich:** Woran erkennst du, dass der Frühling wieder da ist?
   Sammle Frühlingswörter.

   Du: Welche Wörter hat dein Partner gefunden? Tauscht euch aus.
   Gestaltet ein Plakat mit euren Frühlingswörtern.

   Wir: Stellt die Plakate in der Klasse vor.

Das machen Hanna und Malte im Frühling:

| sie | pflücken
hören
stecken
färben
suchen | den Kuckuck
Bohnen
Gänseblümchen
das Osternest
Eier |

2. Bilde Sätze und schreibe sie auf:

   Sie pflücken Gänseblümchen.

3. Was machst du gerne im Frühling? Schreibe in der ich-Form.

Ein Elfchen schreiben

Diese Frühlingsgedichte haben die Kinder der Klasse 2c geschrieben.

herrlich
der Frühling
überall ist er
ich will draußen spielen
endlich!

bunt
die Frühlingswiese
grün und gelb
ich pflücke einen Blumenstrauß
schön!

warm
der Frühling
die Sonne scheint
ich fahre gern Rad
toll!

Elfchen

Elfchen sind eine Gedichtform aus Japan. Sie bestehen aus elf Wörtern in fünf Zeilen.

1. Lest die Gedichte laut. Was fällt euch auf?

2. Aus wie vielen Wörtern bestehen die Gedichte?

So kannst du ein Elfchen schreiben:

1. Zeile – 1 Wort: Adjektiv

2. Zeile – 2 Wörter: Nomen mit Artikel

3. Zeile – 3 Wörter: Wie ist es? Wo ist es? Was geschieht?

4. Zeile – 4 Wörter: Satz, der mit „ich" anfängt

5. Zeile – 1 Wort: Schluss

3. Schreibe selbst ein Frühlingselfchen auf ein Schmuckblatt. Male dazu.

4. Stellt die Elfchen vor und hängt sie in der Klasse auf.

Zusammengesetzte Nomen

Malte zeigt immer zwei Bilder.

Hanna bildet daraus zusammengesetzte Nomen.

1. Welche Bildkarten kann er kombinieren? Überlege.

2. Nenne deinem Partner die zusammengesetzten Nomen.

Wie heißt der Vogel?

Zaunkönig!

Löwen   Schnee   Fuchs   Hand   Gänse   Fenster   Kreuz   Regen
Bank   Tasche   Bogen   Glöckchen   Spinne   Bau   Zahn   Blümchen

3. Schreibe so:

   der Zaun, der König: der Zaunkönig

4. Erfindet selbst ein Bilderrätsel mit zusammengesetzten Nomen.
   Malt Bilder dazu.

5. Stellt der Klasse die Bilderrätsel vor.

6. Schreibe die Lösungen eurer Bilderrätsel
   wie bei Aufgabe 3 in dein Heft.

Eine Bastelanleitung schreiben

Die Klasse 2c will bunte Eier für einen Osterstrauß basteln.

Zuerst schauen die Kinder in einem Bastelbuch nach.

1. Besprecht, was sie benötigen.

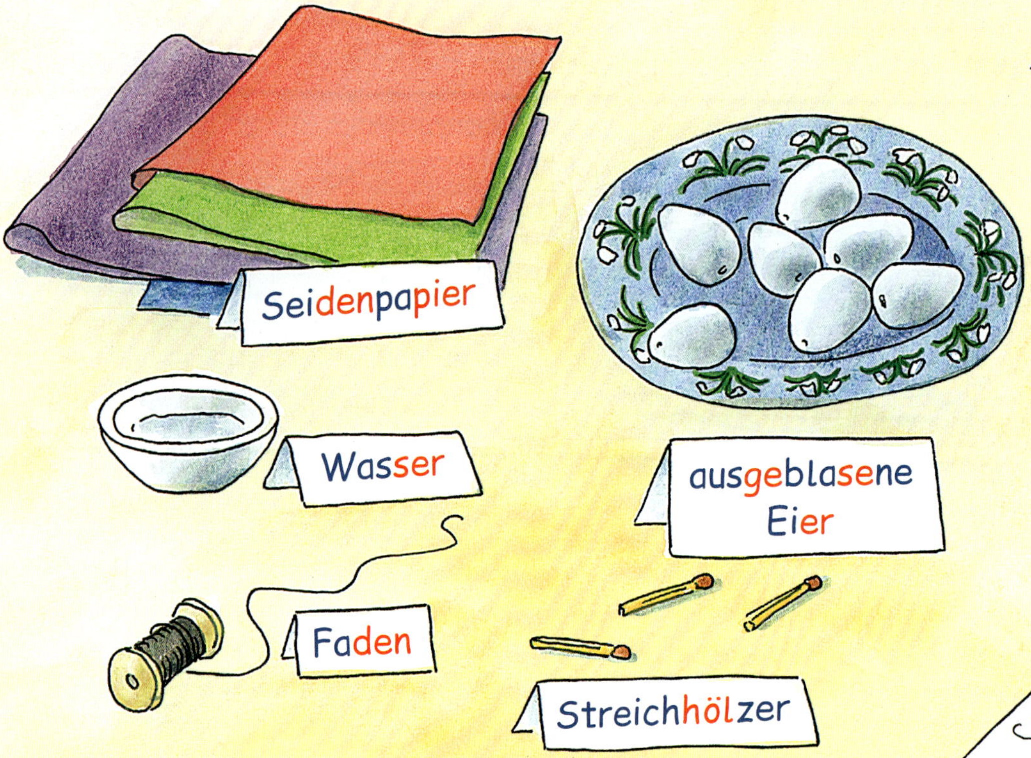

Seidenpapier

Wasser

ausgeblasene Eier

Faden

Streichhölzer

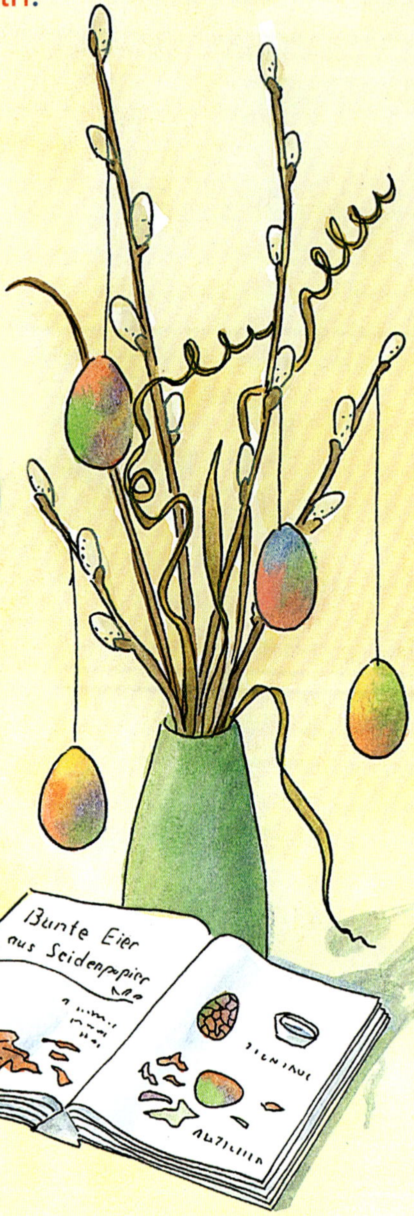

2. Schreibe auf, was jedes Kind zum Basteln
   braucht:

   Seidenpapier in verschiedenen Farben, …

3. Hanna erzählt, wie sie die Eier ausbläst.
   Schreibe den Text ab und setze die passenden Verben
   in der ich-Form ein.

> Zuerst ⬭ ich mit einem Eierpiekser zwei Löcher
> in das rohe Ei.
>
> Dann ⬭ ich vorsichtig das Loch an der spitzen Seite
> mit einem Kreuzschraubendreher.
>
> Nun ⬭ ich mit einer langen Nadel den Dotter im Ei auf.
>
> Jetzt ⬭ ich kräftig durch das Loch an der spitzen Seite,
> sodass der Inhalt in eine Schüssel fließt. Fertig!

blasen

stochern

vergrößern

stechen

4. Was machen die Kinder? Erzählt.

Ⓐ

Seidenpapier in kleine Stücke reißen

Stückchen in das Wasser eintauchen

Seidenpapierstücke an das ausgeblasene Ei kleben

Einen Tag später …

Ⓑ

trockene Seidenpapierstückchen von dem Ei ablösen

Faden um das Streichholz binden

Streichholz mit dem Faden in das bunte Ei stecken

5. Schreibe in der ich-Form auf, was die Kinder machen:

Ich reiße das Seidenpapier in kleine Stücke.

Ich …

6. Bastelt selbst bunte Eier.

Einen Text überarbeiten: Satzanfänge

Hanna hat aufgeschrieben, wie sie bunte Eier für den Osterstrauß bastelt.

1. Lest Hannas Bastelanleitung laut. Was fällt euch auf?

> Ich reiße zuerst das Seidenpapier in kleine Stücke.
> Ich tauche dann die Stückchen in das Wasser.
> Ich klebe jetzt die Seidenpapierstückchen an das ausgeblasene Ei.
> Ich löse später die Papierstückchen von dem Ei ab.
> Ich binde darauf einen Faden um ein Streichholz.
> Ich stecke zuletzt das Streichholz in das bunte Ei.

2. Stelle die Wörter so um, dass jeder Satz
   mit einem anderen Wort beginnt:
   <u>Zuerst</u> reiße ich das Seidenpapier in kleine Stücke.
   <u>Dann</u> tauche ich …

3. Beim Mittagessen unterhalten sich Hanna und ihre Mutter.
   Lest das Gespräch mit verteilten Rollen.

> Habt ihr in der Schule bunte Eier gebastelt

> Was habt ihr mit den fertigen Eiern gemacht

> Der Osterstrauß sieht sicher schön aus

> Ja, wir haben sie mit buntem Seidenpapier beklebt

> Wir haben sie an Zweige gehängt

4. Schreibe das Gespräch ab und ergänze
   einen Punkt oder ein Fragezeichen:
   Mutter: Habt ihr …
   Hanna: Ja, wir …

Eine Bastelanleitung schreiben

1. Schau dir die Bilder genau an. Was wird gebastelt?

2. Schreibe auf, was du zum Basteln benötigst.

3. Beschreibe die einzelnen Schritte
bis zu den fertigen Osterhasensteckern.
Verwende abwechslungsreiche Satzanfänge,
damit der Text nicht langweilig wird.

Dann ...   Später ...   Zuerst ...
Zuletzt ...   Danach ...   Jetzt ...

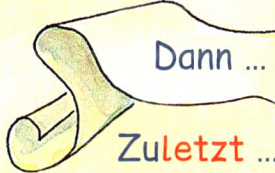4. Lest eure Bastelanleitungen der Klasse vor
und überprüft gemeinsam,
ob ihr alles Wichtige geschrieben habt.

5. Ergänze die fehlenden Angaben in deinem Text.

Deine Sätze beginnen abwechslungsreich.

Deine Überschrift ist treffend.

Wann bindest du die Schleife um den Schaschlikspieß?

Dein Schlusssatz rundet die Bastelanleitung ab.

Aussagesatz

Hanna und Malte erforschen die Pflanzen und Tiere auf der Wiese.

1. Welche Tiere und Pflanzen könnt ihr entdecken?

   Was wisst ihr über diese Tiere und Pflanzen?

2. Was beobachten Hanna und Malte? Bilde Sätze.

   Die Ameisen folgen der Ameisenstraße.

Ameisen	kriechen	Nektar und Pollen
Bienen	sammeln	der Ameisenstraße
Schnecken	folgen	über den Boden
Schmetterlinge	bauen	durch die Luft
Spinnen	flattern	ihre Netze
Hummeln	krabbeln	von Blüte zu Blüte
Käfer	fliegen	auf einem Stein
Grashüpfer	auflockern	die Erde
Regenwürmer	springen	auf das Blatt

3. Beschreibe die Pflanzen, die du auf der Wiese entdeckt hast.

   Dein Partner nennt den Namen der Pflanze.

Aufforderungssatz

Hanna hat Bohnen gesteckt.

Sie leitet Malte an, wie er vorgehen soll.

1. In welcher Reihenfolge soll Malte vorgehen?

Prima!

a) Gieße deine Bohne!

b) Stecke ein Stöckchen daneben!

c) Fülle Erde in ein Glas!

d) Stelle das Glas ans Fenster!

e) Lege eine Bohne in die Erde!

2. Was fällt euch bei Hannas Sätzen auf?

Aufforderungssatz

Nach Ausrufen und Aufforderungen steht als Satzschlusszeichen ein Ausrufezeichen „!".

Das Verb steht …

Am Satzende steht …

3. Schreibe die Sätze in der richtigen Reihenfolge auf.

(Fülle) Erde in ein Glas (!)

 ①  ②  ③  ④  ⑤

4. Steckt auch Bohnen und legt ein Bohnentagebuch an.

Mein Bohnen-Tagebuch

14. April: Ich stecke Bohnen in die Erde.

19. April: Die Wurzel wächst.

i oder ie in der ersten Silbe

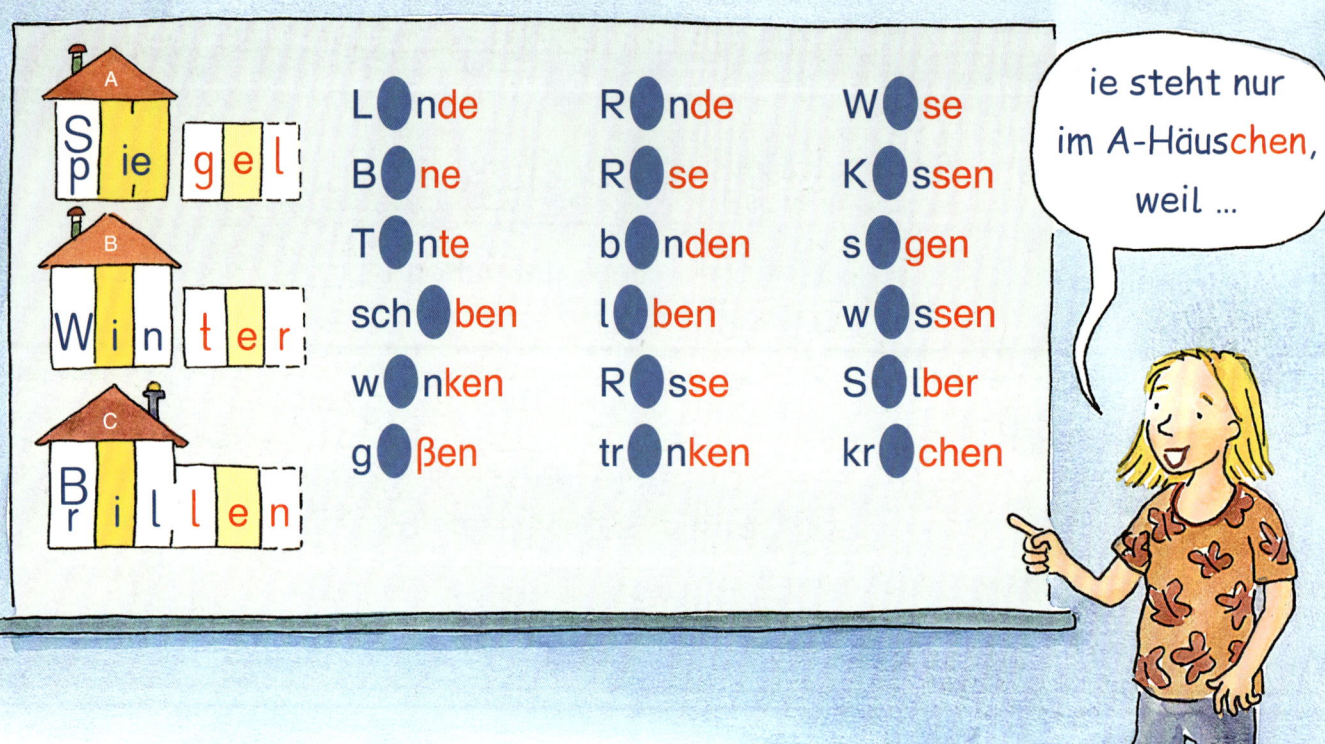

L●nde   R●nde   W●se

B●ne   R●se   K●ssen

T●nte   b●nden   s●gen

sch●ben   l●ben   w●ssen

w●nken   R●sse   S●lber

g●ßen   tr●nken   kr●chen

ie steht nur im A-Häuschen, weil …

1. Ich: Wie entscheidet Hanna, ob sie in der ersten Silbe
i oder ie schreiben muss?

Du: Was hat dein Partner herausgefunden?

Wir: Besprecht eure Ergebnisse in der Klasse.

2. Schreibe die Wörter von der Tafel in eine Tabelle:

Wörter mit ie	Wörter mit i
Spiegel	Winter

3. Schreibe den Text ab und setze i oder ie ein.

Ein Nachmittag in der Natur

Hanna und Aysun l●gen auf einer W●se und gen●ßen den Frühling.

Unter einer L●nde beobachten sie v●le kleine T●re. Käfer krabbeln

über die R●nde, Vögel zw●tschern ihre L●der in den W●pfeln der

Bäume, B●nen fl●gen durch die Luft.

Über den Boden kr●chen Schnecken. Zwischen D●steln bauen

Sp●nnen Netze aus s●lbernen Fäden. Was für ein schöner Tag.

i oder ie? – Wir verlängern

So entscheidet Malte, ob er in einsilbigen Wörtern i oder ie schreiben muss.

D**●**b

Die be

B**●**ld

Bilder

> Einsilbige Wörter leite ich von der zweisilbigen Form ab, weil …

1. Warum bildet Malte zuerst die zweisilbige Form im Häuschen?

2. Schreibe die folgenden Wörter ab und entscheide, ob du i oder ie einsetzen musst. Schreibe immer zuerst die zweisilbige Form:
   die Stiere – der Stier

St**●**r W**●**nd Sch**●**ld S**●**b Sp**●**l

L**●**d Schm**●**d K**●**nd St**●**l Z**●**l

Was machen Eulen in der Nacht?

Wenn es dunkel wird, erwacht die Eule.
An Waldrändern und an Bächen sucht
sie nach Nahrung. Unbeweglich sitzt sie
auf einem hohen Baum und beobachtet
die Umgebung. Hat sie eine Maus
entdeckt, fliegt sie mit ihren weichen
Federn geräuschlos herab und ergreift
sie mit ihren mächtigen Krallen.
Einige Stunden nach der Nahrungs-
aufnahme würgt sie unverdauliche
Nahrungsreste wie Knochen als
rundliche Gewölle wieder hervor.

1. Lies den Text. Berichte deinem Partner, was du über Eulen erfahren hast.

2. Findet im Text alle Wörter mit ch und lest sie laut. Wie klingt ch?

3. Trage alle Wörter mit ch in eine Tabelle ein:

ch wie in Milch	ch wie in Nacht
Bäche	machen

4. Schreibe die Sätze ab
und ergänze die passenden Wörter.

Eulen sitzen 🦉 oben in den Bäumen.

Für ihre Jungen 🦉 sie viel Nahrung.

Nach etwa acht 🦉 verlassen die Jungen das Nest.

Im Frühjahr kann man das Heulen der Eulen 🦉 wahrnehmen.

leicht   brauchen
hoch   Wochen

Aufnahme-Diktat

Setze dich vor ein Aufnahmegerät (Computer, Handy …) und nimm den Text auf.
Lies dabei immer bis zum Schrägstrich.

Sage bei jedem Strich laut „Stopp".
Zähle leise bis drei.
Lies dann weiter.

Wenn du den ganzen Text gesprochen hast,
gehe an den Anfang der Aufnahme.

Spiele nun die Aufnahme ab.
Wenn du „Stopp" hörst, halte die Aufnahme an
und schreibe in dein Heft.

Wenn du den ganzen Text geschrieben hast, überprüfe.
Unterstreiche die Fehler.
Schreibe die fehlerhaften Wörter richtig in dein Heft.

Schreibe diesen Text als Aufnahme-Diktat in dein Heft.

Auf der Wiese /

Im Frühling / finden wir / viele Tiere / auf der Wiese. /

Bunte Schmetterlinge / flattern / durch die Luft. /

Fleißige Bienen / fliegen / von Blüte zu Blüte. /

Regenwürmer lockern / die Erde auf. /

Schnecken kriechen / über den Boden / und fressen / zarte Blättchen. /

Zwischen den Pflanzen / bauen Spinnen / ihre Netze. /

Füchse / streifen / durch Felder und Wälder. /

Ist das schön! /

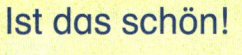

Was habe ich gelernt? – 8

Nomen (Seite 99, Lösungsbeilage Seite 6)

1. Bilde zusammengesetzte Nomen. Verwende dazu immer zwei Bildkarten.

2. Aus welchen Nomen sind die folgenden Wörter zusammengesetzt?

   Schreibe sie mit dem Artikel auf.

Kirschbaum	Schuhschrank	Ritterrüstung
Butterblümchen	Schneeflocke	
Heringssalat	Haustür	Hosentasche

Satzschlusszeichen (Seite 105, Lösungsbeilage Seite 6)

3. Schreibe die Sätze ab

   und ergänze die fehlenden Satzschlusszeichen (. ? !).

i oder ie? (Seite 106, 107, Lösungsbeilage Seite 6)

4. Schreibe die Wörter ab und ergänze i oder ie.

K●ste	Sch●ne	w●ssen	g●ßen	s●ben
K●ssen	T●nte	W●se	h●nken	R●se

5. Schreibe die einsilbigen Nomen auf und ergänze i oder ie.

Sch●ld	Br●f	Sch●ff	K●nd	T●r	Sp●l

ch (Seite 108, Lösungsbeilage Seite 6)

6. Trage die Wörter mit ch in eine Tabelle ein.

ch wie in Milch	ch wie in Nacht
Teich	

Teich	suchen	reich	machen	leicht
rechnen	Dach	lachen	Woche	weich

Lerntagebuch

Schreibe in dein Lerntagebuch, was du gelernt hast.
Wie gut kannst du die Aufgaben? Male 😊 😐 ☹.
Was möchtest du noch üben?

Was habe ich gelernt?

- Ich kann zusammengesetzte Nomen in einzelne Nomen zerlegen.
- Ich kann die Satzzeichen . ? ! richtig ergänzen.
- Ich schreibe Wörter mit ie richtig.
- Ich schreibe Wörter mit ch richtig.
- Ich kann die Wörter der Wortliste richtig schreiben.

Das möchte ich noch üben:

Wortliste

Biene

Brief

er lacht

Eule

Fuchs

Käfer

kriechen

liegen

Schmetterling

sieben

siegen

Spiel

Tier

Beim Le**s**en wer**d**en die Fi**g**uren le**b**en**d**ig und neh**m**en
dich mit ins Land der Fan**t**asie.

1. Kennt ihr die Fi**g**uren? Be**nenn**t sie.

2. Fin**d**e im Le**s**ebuch die ab**g**ebil**d**eten Figuren und schrei**b**e jeweils
   den Ti**t**el und den Au**t**or der Ge**s**chich**t**e auf.
   Schrei**b**e so in dein Heft:

Titel	Autor
Der ge**st**iefel**t**e Ka**t**er	Brü**d**er Grimm

3. Ver**g**lei**ch**e die Er**g**eb**ni**ss**e** mit dei**n**em Part**n**er.

In der Mediathek

Die Klasse 2c besucht die Mediathek.

Die Bibliothekarin stellt den Kindern verschiedene Medien vor.

1. Welche Medien können in der Mediathek ausgeliehen werden?

2. Wart ihr schon einmal in einer Mediathek? Erzählt.

3. Ich: In einer Mediathek gibt es viele verschiedene Bücher.

Bilde zusammengesetzte Nomen mit Buch und schreibe sie so auf:

das Märchen, das Buch: das Märchenbuch

Märchen · Kinder · Bilder · Abenteuer · Sache · Tier

Du: Finde mit deinem Partner für jedes Buch ein Beispiel.

Wir: Stellt eure Ergebnisse vor.

Wörter mit V/v

Du hast sicher schon einmal von Pippi gehört. Hier besucht Pippi die Schule.
Die Lehrerin erklärt gerade, dass Wörter mit V/v eine Besonderheit haben.

1. Was ist das Besondere?

Vogel

November

Veilchen

Verkehr

Vater

Klavier

Vampir

vier

Vulkan

brav

Lava

Vase

Wörter mit V/v
Du hörst F oder W, musst
aber V schreiben – diese Wörter
musst du dir merken!

2. Sprich die Wörter und trage sie in die richtige Spalte ein:

V wie F gesprochen	V wie W gesprochen
Vogel	Vase

3. Schreibe die Sätze ab und setze passende Wörter aus Aufgabe 2 ein:
Pippi spielt gerne Klavier.

Pippi spielt gerne 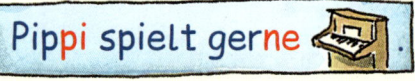 .

Pippi pflückt und stellt sie in eine 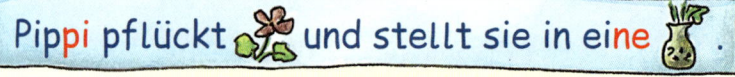 .

Um Mitternacht möchte Pippi mit einem  tanzen.

Pippis größter Wunsch ist es, wie ein  zu fliegen.

Vorsilben

1. Was macht Pippi?

2. Schreibe das Verb ziehen mit den Vorsilben auf:

   aufziehen, ...

3. Ergänze jeden Satz mit einem passenden Verb aus Aufgabe 2:

   Pippi will in die Villa Kunterbunt ___ .

   Pippi kann die Spieluhr ___ .

   Abends muss Pippi die Strümpfe ___ .

   Morgens soll Pippi ihre Schuhe ___ .

4. Schreibe den Text ab und setze die Vorsilbe ver- oder vor- ein:

   Als Pippi durch das Fenster klettert,

   muss sie sich der Lehrerin vorstellen.

   Als Pippi durch das Fenster klettert, muss sie sich der Lehrerin

   stellen. Danach soll sie die Wörter mit V/v ___ lesen und

   Rechenaufgaben lösen. Dabei ___ rechnet sie sich. Pippi kann nicht

   ___ stehen, dass die anderen Kinder gerne zur Schule gehen.

5. Vergleiche die Ergebnisse mit deinem Partner.

Buchvorstellung

Malte stellt der Klasse sein Lieblingsbuch vor.
Das hat er über sein Buch aufgeschrieben:

Mein Lieblingsbuch heißt:
Nils Holgersson

Die Autorin/der Autor heißt:
Selma Lagerlöf

Die Hauptfiguren in meinem Buch sind:
Nils Holgersson, die Hausgans Martin und
die Wildgans Akka

Davon wird in meinem Buch erzählt:
Nils wird in einen Wichtel verwandelt und
fliegt mit den Wildgänsen nach Lappland.
Gemeinsam erleben sie viele Abenteuer.

Das hat mir am besten gefallen:
Aus dem bösen Nils wird ein treuer Freund der
Hausgans Martin. Er möchte sogar als Wichtel
weiterleben, damit Martin nicht geschlachtet
wird.

 1. Lest Maltes Text.
Warum hat er Abschnitte gebildet?

2. Beschreibe dein Lieblingsbuch.

3. Präsentiere das Buch in der Klasse:
   - Trage deine Beschreibung frei vor.
   - Lies eine Stelle aus einem Kapitel vor, das dir besonders gefällt.
   - Beantworte die Fragen deiner Klassenkameraden
     zu dem Buch möglichst genau.

Einen Text überarbeiten: Wortfeld „sehen"

1. Plötzlich findet sich Nils hoch in der Luft wieder.
2. Er sieht zwei Wildgänse vor sich.
3. Ängstlich sieht er nach unten.
4. Unter sich sieht er gerade noch die Häuser, Bäume und Tiere.
5. In der Ferne sieht er das Meer.
6. Auf einmal hat Nils keine Angst mehr.
7. Er freut sich, dass er die Welt von oben sehen kann.

1. Lies den Text. Was fällt dir auf?

2. Welches Wort wiederholt sich häufig? Nennt die Zeile.

3. Schreibe den Text in dein Heft und ersetze dieses Wort der Reihe nach durch die Wörter in den Federn:

4. Besprecht eure Ergebnisse in der Klasse.

5. Suche im Wörterbuch weitere Verben, die du für sehen einsetzen kannst.

beobachten

blicken

erkennen

entdecken

Einen Text überarbeiten: Satzanfänge

Eines Tages beklagt sich Franz bei seiner Mutter,
dass sie zu wenig Fernsehprogramme haben.

> Die anderen schauen immer die tollsten Filme.
> Und am nächsten Tag erzählen sie davon.
> Und dann kann ich nicht mitreden.
> Und deshalb komme ich mir immer wie
> der „Blöde" vor.
> Und aus lauter Verzweiflung habe ich einen
> neuen Sender erfunden, nämlich Sat-sechs.

1. Ich: Lies den Text. Was fällt dir auf?
   Du: Wie könnt ihr die Satzanfänge abwechslungsreicher gestalten?
   Wir: Besprecht eure Lösung in der Klasse.

2. Überarbeite die Satzanfänge, indem du [und] weglässt.
   Schreibe die Sätze auf.

3. Im Fernsehen gibt es viele verschiedene Sendungen.
   Welche Sendung schaust du gerne an? Begründe.

   | Kindernachrichten | Märchenfilm | Sportsendung | Naturfilm |

   | Zeichentrickfilm | Tierfilm | Quizshow |

4. Spielt der Klasse eine Sendung vor.
   Die Mitschüler erraten
   den Titel der Sendung.

> Hallo!
> Das sind
> heute unsere
> Themen ...

Computer als Schreibhilfe

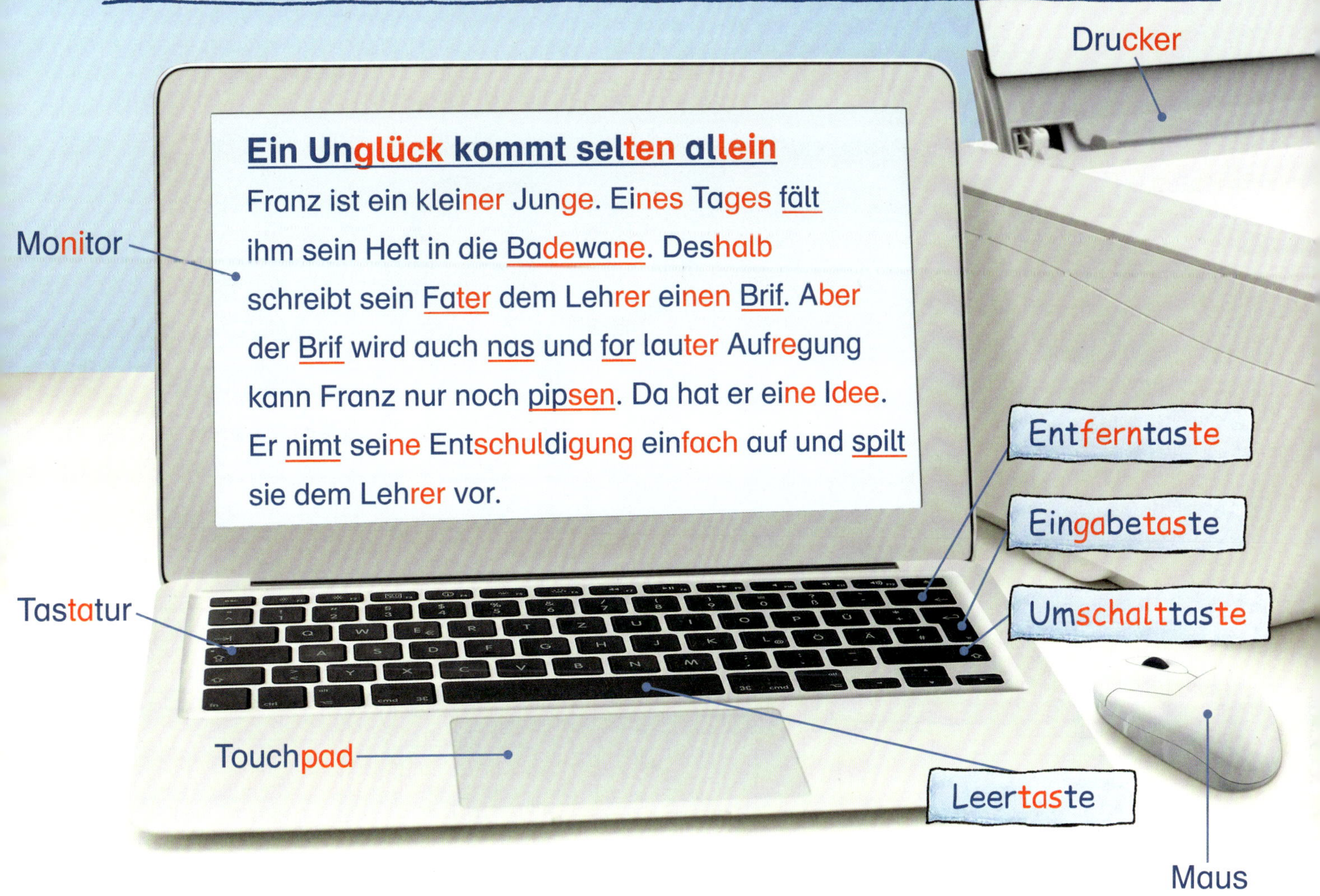

Drucker

Monitor

Ein Unglück kommt selten allein

Franz ist ein kleiner Junge. Eines Tages fält
ihm sein Heft in die Badewane. Deshalb
schreibt sein Fater dem Lehrer einen Brif. Aber
der Brif wird auch nas und for lauter Aufregung
kann Franz nur noch pipsen. Da hat er eine Idee.
Er nimt seine Entschuldigung einfach auf und spilt
sie dem Lehrer vor.

Entferntaste

Eingabetaste

Umschalttaste

Tastatur

Touchpad

Leertaste

Maus

1. Welche Funktionen haben die markierten Tasten?
   Probiert aus und ergänzt die Sätze.

Mit der 🔲 setze ich Lücken.

Mit der 🔲 beginne ich eine neue Zeile.

Mit der 🔲 kann ich löschen.

Mit der 🔲 schreibe ich Großbuchstaben.

2. Lies den Text auf dem Monitor. Was fällt dir auf?

3. Schreibe den Text in Schriftgröße 14 richtig auf dem Computer.
   Verwende dazu das Wörterbuch.

4. Verändere die Überschrift: Schriftgröße 16   fett   unterstrichen

5. Wie gefällt dir der Text am besten?
   Probiere verschiedene Schriftarten aus und drucke den Text aus.

Wörter mit Sp, St und Sch

Pippi zeigt dem Sams Bildkarten. Bei allen Wörtern hört es am Anfang Sch. Das Sams darf ch sparen, wenn es wie bei Spiegel oder Stuhl nach dem Sch ein p oder t hört. Es muss dann nur Sp oder St schreiben.

Sp St

Sp oder St am Wortanfang

Vor p und t hören wir sch, schreiben aber nur s!

1. Welche Wörter sind auf den Bildkarten dargestellt?

2. Ich: Welche Wörter werden mit Sp, St oder Sch am Wortanfang geschrieben?
   Trage die Wörter in eine Tabelle ein. Überprüfe mit dem Wörterbuch.

Sp	St	Sch
Spiegel	Stock	Schiff

Du: Vergleiche die Ergebnisse mit deinem Partner.
   Findet weitere Wörter und tragt sie in die Tabelle ein.

Wir: Stellt eure Wörter in der Gruppe vor.
   Die Mitschüler nennen die Schreibung
   am Wortanfang.

●ören
●ringen
●aunen
●rechen
●ielen
●einen
●aren

3. Setze sp, st oder sch ein und bilde mit den Verben Sätze.
   Das Sams springt über einen Stein.

Wörter mit Besonderheiten – Merkhilfen

Das Sams schreibt gerne lustige Verse und kleine Rätsel,
um sich die Schreibweise von Wörtern zu merken.

See

Quadrat

Im Winter liegt viel Schnee,
ich tanze auf dem 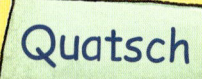 .

Quatsch

Ich esse gern Salat
und hüpfe im ⚡ .

Ich stampfe durch den Matsch
und mache ganz viel 🌊 .

1. Welches Reimwort passt?

   Schreibe die Verse ab und setze die Wörter auf den Karten ein.

2. Kannst du die Rätsel lösen? Schreibe die Antwort auf:

   A: Nicht rechts, sondern <u>links</u>.

   A: Nicht rechts, sondern …   B: Viele Tiere leben im …

   C: Einen Farbfleck nennt man auch …

   D: Der 5. Monat heißt …   E: Wäsche waschen wir in der …

Maschine
Mai
links
Klecks
Zoo

 3. Manche Wörter merkt sich das Sams so:

   Überlegt, wie ihr euch die Schreibweise merken wollt.

ein paar

Stadt

Haar

Was habe ich gelernt? – 9

Vorsilben (Seite 115, Lösungsbeilage Seite 6)

1. Schreibe die Verben mit passenden Wortbausteinen auf.

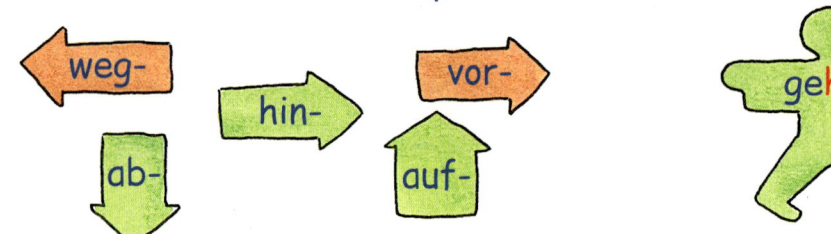 

2. Schreibe zu jedem Verb aus Aufgabe 1 einen Satz.

3. Schreibe die Texte ab. Setze die Vorsilbe ver- oder vor- ein.

> Anna muss den Aufsatz ●schreiben.
> Der Arzt ●schreibt Max Hustensaft.

> Aysun darf ●gehen.
> Die Zeit ●geht langsam.

> Hanna will die Geschichte ●lesen.
> Sie ●liest sich dreimal.

> Max will das Haus ●lassen.
> Er muss den Hund ●lassen.

Sp/sp, St/st oder Sch/sch (Seite 120, Lösungsbeilage Seite 7)

4. Schreibe den Text ab und setze Sp/sp, St/st oder Sch/sch ein.

> Das Sams ●aziert gemütlich zum ●ielplatz. Im Sandkasten ●eckt es Sandkuchen mit kleinen ●einchen in den Mund und ver●eist sie. ●äter mar●iert das Sams zu einem ●ortplatz. Dort üben sich ein paar Jungen im Weit●rung. Wer ●ringt am weitesten?

Treffende Wörter für „sehen" (Seite 117, Lösungsbeilage Seite 7)

5. Ersetze das Verb sehen durch treffendere Wörter.

> Hanna sieht, wie die Bienen Nektar sammeln.

> Timo sieht am Waldrand ein Reh.

> Der Kapitän sieht auf das Meer hinaus.

> In aller Ruhe sieht er das Gemälde.

betrachten

blicken

entdecken

beobachten

Fehler finden (Seite 119, Lösungsbeilage Seite 7)

6. Finde die sechs Fehler und schreibe den Text richtig. Nutze das Wörterbuch.

> Das Wasser fließt aus der Kwelle in den See.
>
> Hanna geht mit ihrem Fater ins Schwimmbad.
>
> Auf dem Spielplatz sind file Kinder.
>
> In der Wase sind gelbe Tulpen.
>
> Die Hekse reitet auf ihrem Besen durch die Luft.
>
> Xaver hat 80 Sent in seinem Geldbeutel.

Doppelkonsonanten

(Lösungsbeilage Seite 7)

7. Sprich und klatsche die Nomen.
Trage die Wörter in Häuschen A oder
Häuschen C ein.

 k/ck: Stö●e

 n/nn: Spi●e

 l/ll: Stä●e

 t/tt: Spli●er

 t/tt: Spa●en

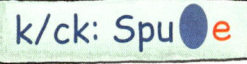 k/ck: Spu●e

 Lerntagebuch

Schreibe in dein Lerntagebuch, was du gelernt hast.
Wie gut kannst du die Aufgaben? Male ☺ 😐 ☹.
Was möchtest du noch üben?

Was habe ich gelernt?

- Ich kann neue Verben mit den Vorsilben vor- und ver- bilden.
- Ich kann *sehen* durch treffende Verben ersetzen.
- Ich schreibe Wörter mit Sp/sp, St/st und Sch/sch richtig.
- Ich finde Fehler in einem Text.
- Ich schreibe Wörter mit Doppelkonsonanten richtig.
- Ich kann die Wörter der Wortliste richtig schreiben.

Das möchte ich noch üben:

 Wortliste

ein paar …
Klavier
links
Mai
Schnee
See
Stadt
verstehen
vier
Vogel
vorlesen
Zoo

Tiere als Freunde

1. Betrachtet die Bilder. Erzählt.

2. Ich: Welches Tier ist dein Lieblingstier?

   Du: Nenne deinem Partner dein Lieblingstier. Begründe.

   Dein Partner schreibt Wörter dazu auf.

   Wir: Stelle in der Gruppe das Lieblingstier deines Partners vor.

3. Wähle ein Thema aus und schreibe dazu.

   Mein schönstes Tiererlebnis   Mein Wunschtier

4. Lest eure Texte in der Klasse vor.

Diagramme lesen

Die Kinder der Klasse 2c haben ihre Lieblingstiere genannt
und eine Strichliste angelegt.

Unsere Lieblingstiere

Katze	IIII
Hund	IIIII I
Kaninchen	IIII
Meerschweinchen	II
Fisch	I
Wellensittich	III

1. Wie viele Kinder sind in Klasse 2c?

   Welches ist das beliebteste Tier?

   Welches Tier wird am wenigsten genannt?

Anschließend haben die Kinder ein Balkendiagramm erstellt.
Für jede Nennung in der Strichliste haben sie ein Kästchen angemalt.

Unsere Lieblingshaustiere

Katze:
Hund:
Kaninchen:
Meerschweinchen:
Fisch:
Wellensittich:

2. Fertigt in eurer Klasse eine Strichliste zum Thema Lieblingstier an.

3. Erstelle dann ein Balkendiagramm.

4. Besprecht euer Ergebnis.

Sprachen vergleichen

Die Kinder der Klasse 2c legen ein Tierlexikon über ihre Lieblingstiere
in verschiedenen Sprachen an.

Sprache	Wort
deutsch	Hund
englisch	dog
französisch	chien [schien]
italienisch	cane [kane]
russisch	собака [sobaka]
türkisch	köpek [köpek]
polnisch	pies [pies]

 1. Ich: Vergleiche die Wörter für Hund in den verschiedenen Sprachen.
      Was fällt dir auf?

    Du: Was hat dein Partner herausgefunden? Tauscht euch aus.

    Wir: Besprecht die Gemeinsamkeiten und Unterschiede
        der Wörter in der Klasse.

2. Nenne das Wort in einer Sprache. Dein Partner sagt, welche Sprache es ist.

3. Legt in der Klasse ein Tierlexikon über eure Lieblingstiere an.
   In welchen Sprachen wollt ihr die Tiernamen aufschreiben?

4. Aus welchen Ländern kommen diese Hunderassen?

Лайка [Laika]

Cane Corso

Polski Owczarek

çoban köpeği

Informationen sammeln und festhalten

Hanna und Malte wollen der Klasse ihr Lieblingstier vorstellen.
Sie holen Informationen über den Labrador ein.

1. Welche Experten befragen sie?

2. Wie halten sie die Informationen fest?

3. Wie können sie sich noch über ihr Lieblingstier informieren?
   Sammelt Ideen und stellt sie der Klasse vor.

4. Hanna und Malte werten die gesammelten
   Informationen aus.
   Wie halten sie wichtige Begriffe fest?

Ein Plakat gestalten

Hanna und Malte haben dieses Plakat über den Labrador gestaltet.

Der Labrador

- Der Labrador ist ein Familienhund und braucht viel Kontakt zu Menschen.
- Dreimal täglich braucht er genügend Auslauf.
- Er muss regelmäßig gebürstet werden.

Umgang und Pflege

- Der Labrador frisst Fleisch, Gemüse oder Fertigfutter.
- Gerne nagt er an Kalbsknochen.
- Er trinkt viel Wasser.

Nahrung

Aussehen

Rute Fell Ohren Schnauze

Lauf ca. 52 cm groß Pfote

Zubehör

- Der Labrador spielt gerne mit einem Ball.
- Zum Ausführen braucht er ein Halsband und eine Leine.
- Für Wasser und Futter benötigt er jeweils einen Napf.
- Zum Schlafen benötigt er einen Hundekorb oder eine Hundehütte.

Gestalte ein Plakat über dein Lieblingstier. So kannst du vorgehen:

1. Überlege dir Fragen zu deinem Tier.

2. Sammle Informationen bei Experten, aus Büchern oder dem Internet.

3. Schreibe wichtige Begriffe auf Kärtchen und ordne sie.

4. Sammle Fotos und male Bilder zu deinem Tier.

5. Verfasse mithilfe der geordneten Begriffe kleine Texte.
   Du kannst sie auch am Computer schreiben.

6. Klebe die Texte, Bilder und Fotos auf ein Plakat.

Einen Vortrag halten

Hanna möchte das Plakat in der Klasse präsentieren.
Um frei vor der Klasse sprechen zu können,
lernt sie die Texte zunächst auswendig.
Dann übt sie den Vortrag allein.
Später hält sie den Vortrag vor Malte.
Weil sie aufgeregt ist, spricht sie
ziemlich schnell und leise.
Während des Vortrags blickt sie Malte an
und zeigt dabei auf das Plakat.
Als sie fertig ist, bittet sie Malte
um Rückmeldung.

1. Ich: Lies den Text. Wie bereitet sich Hanna auf ihren Vortrag vor?

   Du: Überlege mit deinem Partner, was Malte Hanna rückmelden könnte:

      Was hat Hanna gut gemacht?
      Was könnte Hanna verbessern?

   Wir: Wie sollte ein guter Vortrag sein?
      Schreibt in der Gruppe Stichpunkte auf.

> Ich denke, dass ...
> Du könntest ...

2. Vergleicht eure Stichpunkte in der Klasse.
   Schreibt auf, wie ein guter Vortrag sein soll.

> Ein guter Vortrag:
> • Ich spreche ...
> • Ich betone ...
> • Ich schaue ...
> • Ich zeige...

3. Lerne nun deinen Text auswendig.

4. Trage ihn einem Partner vor, der dir Rückmeldung gibt.
   Übe den Vortrag noch einmal.

> Ich meine, dass ...

5. Halte deinen Vortrag vor der Klasse.

> Ich habe erfahren, dass ...

6. Sprecht über eure Vorträge.

Wörter mit Pf/pf

Malte besucht mit seinen Eltern den Reiterhof.

1. Erzählt zu dem Bild.

2. Bilde Sätze und schreibe so:
Die Katze pflegt ihr Fell.

- Katze ihr Fell pflegen
- Mutter Pony am Kopf kraulen
- Reitlehrerin Pony anbinden
- Pferd viele kleine Zöpfe haben
- Pferde über das Kopfsteinpflaster traben
- Hund Pfote lecken
- Spatzen in Pfützen baden
- Lena Äpfel für Pony pflücken
- Lied pfeifen Vater
- Malte durch den Matsch stapfen

3. Kreise Pf/pf in den Wörtern in deinem Heft ein.

4. Suche im Wörterbuch weitere Wörter mit Pf/pf und schreibe sie in dein Heft.

5. Welche Wörter hat dein Partner gefunden? Tauscht euch aus.

Luca auf dem Reiterhof

Malte trifft Luca auf dem Reiterhof.
Er ist elf Jahre alt und kommt seit
acht Jahren regelmäßig zum Reiten.
Hier reiten behinderte und
nicht behinderte Kinder zusammen.

Luca stellt sein Lieblingspferd vor:

> Das ist Vice. Ich streichle
> gerne sein weiches, schwarzes Fell.
> Weil ich am liebsten auf ihm reite,
> habe ich mir extra eine schwarze
> Jacke und eine schwarze
> Reithose gekauft.

Luca ist körperbehindert und kann
nicht allein gehen. Deshalb hat er
einen Rollator und einen Rollstuhl.
Luca ist sehr stolz, dass er mit
anderen Kindern reiten kann.
Das Reiten lockert seine Beine und
kräftigt seinen Rücken.

1. **Ich:** Betrachte die Bilder und lies den Text.

   Du: Was fällt Luca schwer? Welche Hilfsmittel braucht er?

   Wir: Warum ist Luca stolz darauf, reiten zu können? Sprecht in der Gruppe.

2. Kennt ihr ein Kind mit Behinderung? Wie könnt ihr ihm helfen?

Lang oder kurz? – Wörter mit tz

Mütze kratzen Tatze sitzen Blitz Spatz ritzen
Fratze Hitze spitzen Fritz spritzen Satz
Spitze schnitzen Pfütze plötzlich Platz Glatze schwitzen

1. Finde zu den Wörtern auf den Kärtchen die passenden Reimwörter aus der Mauer.

   Katze: Tatze, …

   Spritze

   Schütze

   Katze flitzen Schatz schmatzen Witz

2. Welches Wort bleibt übrig?

 3. Vergleiche die Ergebnisse mit deinem Partner.

Lang oder kurz?

4. Sprecht und klatscht die Wortpaare.

5. Trage die Wörter in Häuschen A oder Häuschen C ein.

Wörter mit den Zwielauten stehen immer im Häuschen A.

K | äu | z e

z/tz: Käu●e z/tz: Ka●e z/tz: Wi●e

z/tz: Wei●en z/tz: hei●en z/tz: Schnau●e

z/tz: Hi●e z/tz: schni●en z/tz: rei●en z/tz: ri●e

Hannas Freundin Lisa erzählt von ihrer Katze:

Meine Ka⬤e heißt Mohrle. Ihr Lieblingspla⬤ ist am Fenster.

Dort beobachtet sie viele Spa⬤en.

Sie si⬤t auch gerne in der Sonne und pu⬤t ihr Fell.

An einem Kra⬤baum we⬤t sie ihre Krallen.

Wenn ich sie rufe, fli⬤t sie bli⬤schnell in die Küche und frisst.

Je⬤t höre ich sie schma⬤en.

Wenn sie satt ist, springt sie mit einem Sa⬤ an ihren Pla⬤ und schnurrt zufrieden.

6. Schreibe den Text in dein Heft und
   setze tz ein.

7. Schreibe auf, was die Katze tut:
   Die Katze macht einen Katzenbuckel.

Katze	machen schnurren wetzen lauern fangen	Krallen Katzenbuckel zufrieden Maus auf Beute

8. Was hast du schon mit Katzen erlebt?

Eine Bildergeschichte schreiben

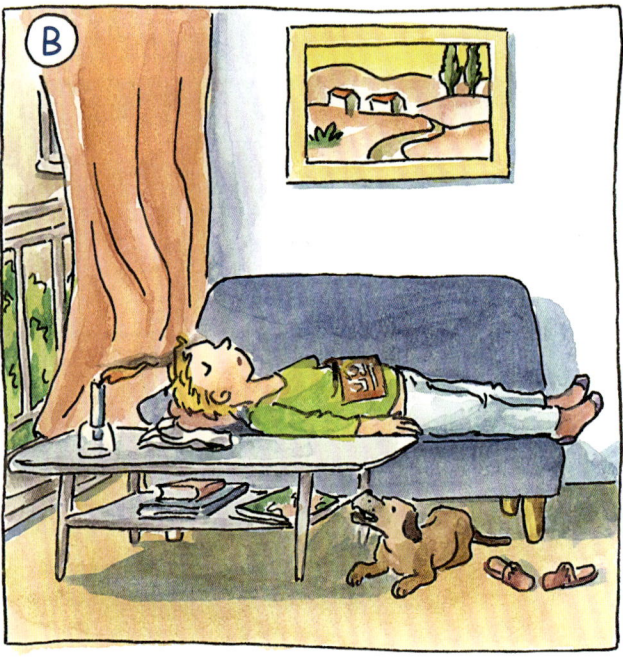

1. Betrachtet die Bilder. Erzählt.

2. Ich: Was könnte auf dem dritten Bild zu sehen sein?
     Male dazu auf ein Blatt.

  Du: Erzähle deinem Partner, was du gemalt hast.

  Wir: Vergleicht eure Bilder:

> Passt das Bild zum Anfang der Geschichte?

> Passt das Bild zum Ende der Geschichte?

3. Überarbeite dein Bild.

Im Mittelteil einer Geschichte wird es spannend.

Folgende Satzanfänge helfen dir: | Auf einmal … | | Plötzlich … |

Überlege: | Was sagen die Figuren? | | Was fühlen die Figuren? |

4. Welcher Text ist spannend? Begründet.

A) Herr Müller wacht auf und löscht schnell das Feuer.

B) Plötzlich bemerkt Herr Baum das Feuer. Er bekommt einen Schreck und ruft: „Hilfe!"

C) Ängstlich ruft Frau Klein: „Was ist los?"

5. Schreibe die Geschichte mit einer Überschrift auf.

Beachte am Anfang die Fragen: | Wann …? | | Wer …? | | Wo …? | | Was …? |

Schreibe einen spannenden Mittelteil.

6. Bildet Gruppen. Lest eure Geschichten vor und überprüft gemeinsam, ob ihr alles Wichtige geschrieben habt.

7. Ergänze die fehlenden Angaben in deiner Geschichte.

Einen Sachtext lesen und argumentieren

Zimmerbrand

Starnberg. Aus Unachtsamkeit brach gestern im 1. Stock eines Mehrfamilienhauses ein Zimmerbrand aus. Nur der Aufmerksamkeit eines Hundes ist es zu verdanken, dass größerer Schaden vermieden werden konnte.

Ein 43-jähriger Bewohner war an einem Tisch mit einer Zeitung und einer brennenden Kerze eingeschlafen. Nachdem die Zeitung Feuer gefangen hatte, wurde der Mann durch seinen Hund geweckt. Er konnte den Brand gerade noch rechtzeitig löschen, sodass sich das Feuer nicht ausbreiten konnte.

Immer wieder kommt es durch unsachgemäßen Gebrauch von offenem Feuer zu Bränden.

Die Feuerwehr rät:

- Kerzen dürfen nie in der Nähe von brennbaren Stoffen stehen.

- Kerzen dürfen nicht unbeaufsichtigt brennen.

- Kerzen dürfen nicht zu weit herunterbrennen.

1. Lest den Zeitungsausschnitt. Was steht im ersten Abschnitt? Wie kam es zu dem Brand? Nennt die Spalte und die Zeilen. Wie hätte der Brand vermieden werden können?

2. Welche Gefahrenquellen kennt ihr noch?

> Bei unseren Nachbarn brannte einmal der Toaster.

> Ein dürrer Adventskranz ist auch gefährlich.

3. Warum ist offenes Feuer gefährlich? Schreibt drei Gründe auf:

Offenes Feuer ist gefährlich, weil …

4. Stellt eure Gründe in der Klasse vor und sprecht darüber.

Wortarten erkennen – Richtig schreiben

Lies den Text.

Schreibe die Nomen in der Mehrzahl und in der Einzahl in dein Heft.

Schreibe die Adjektive mit dem dazugehörenden Artikel und dem Nomen auf.

Schreibe die Verben in der Grundform und in der er-Form in dein Heft.

Schreibe den Text mit zwei Farben in dein Heft.

Auf dem Ponyhof

Hanna und Malte besuchen mit Freunden den Ponyhof.

Auf der Koppel grasen die braunen Pferde.

Vor der Hundehütte liegt eine schwarze Hündin.

Die kleinen Welpen spielen mit dem Ball.

Auf der Mauer putzt sich die Katze das weiche Fell.

Die Schildkröten fressen die frischen Salatblätter.

Zum Schluss reitet jedes Kind. Das ist ein schöner Tag.

Was habe ich gelernt? – 10

F / f oder Pf / pf (Seite 130, Lösungsbeilage Seite 7)

1. Schreibe die Sätze ab und ergänze die Lücken mit F / f oder Pf / pf.

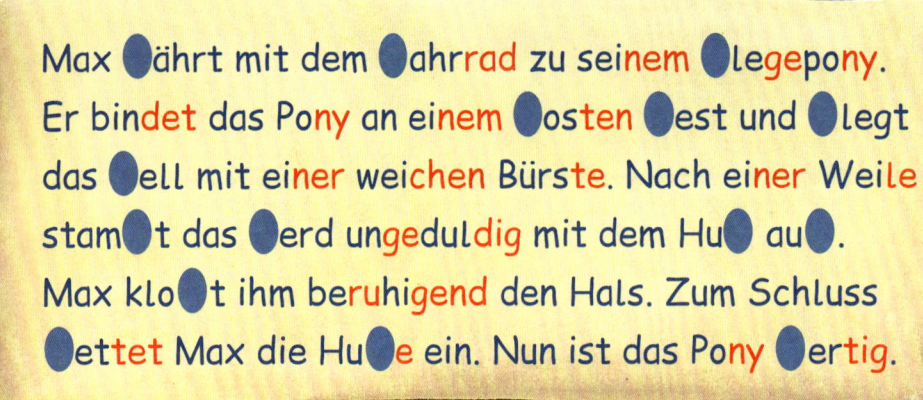

Max ●ährt mit dem ●ahrrad zu seinem ●legepony.
Er bindet das Pony an einem ●osten ●est und ●legt
das ●ell mit einer weichen Bürste. Nach einer Weile
stam●t das ●erd ungeduldig mit dem Hu● au●.
Max klo●t ihm beruhigend den Hals. Zum Schluss
●ettet Max die Hu●e ein. Nun ist das Pony ●ertig.

Diagramme lesen (Seite 125, Lösungsbeilage Seite 7)

2. Im Balkendiagramm sind die Hobbys der Klasse 2 a dargestellt.

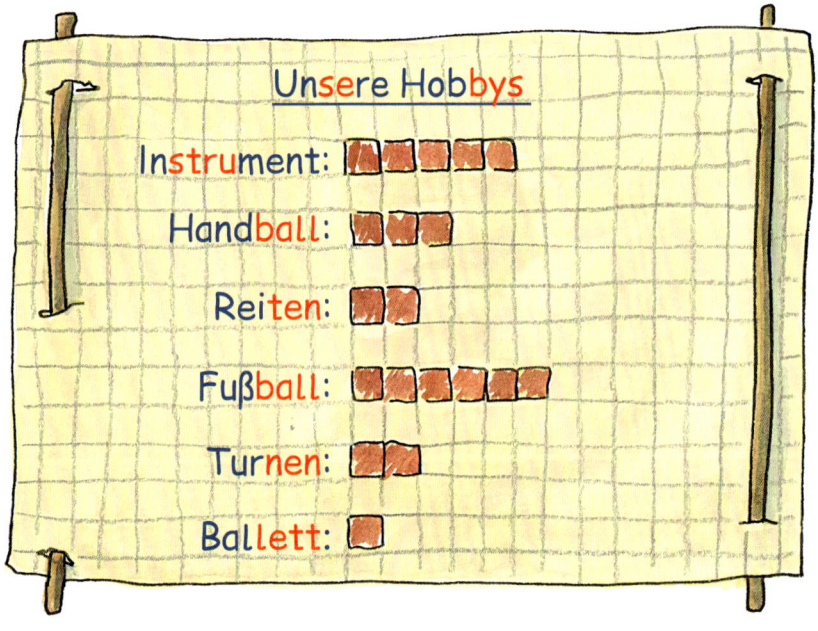

Unsere Hobbys

Instrument:
Handball:
Reiten:
Fußball:
Turnen:
Ballett:

Schreibe die Sätze ab und ergänze die Lücken
mithilfe des Diagramms.

In der Klasse 2 a sind ▭ Schüler.

Die meisten Kinder spielen ▭ .

Gleich viele Kinder ▭ und ▭ .

Die wenigsten Kinder machen ▭ .

Fünf Kinder spielen ein ▭ .

Fußball spielen doppelt so viele Kinder wie  .

z oder tz? (Seite 132, 133, Lösungsbeilage Seite 7)

3. Schreibe die Wörter auf und ergänze z oder tz.

Spa⬤en   Schnau⬤e   ri⬤en   rei⬤en   Ka⬤e

Wei⬤en   fli⬤en   we⬤en   hei⬤en   kra⬤en

Eine Geschichte schreiben (Seite 134, 135, Lösungsbeilage Seite 7, 8)

4. Betrachte die Bilder.

Was könnte auf dem dritten Bild zu sehen sein?

5. Schreibe die Geschichte mit einer Überschrift auf.

Der Mittelteil der Geschichte soll spannend sein.

 Lerntagebuch

Schreibe in dein Lerntagebuch, was du gelernt hast.

Wie gut kannst du die Aufgaben? Male ☺ ☺ ☹.

Was möchtest du noch üben?

Was habe ich gelernt?

- Ich kann ein Balkendiagramm lesen.
- Ich schreibe Wörter mit Pf / pf richtig.
- Ich schreibe Wörter mit tz richlig.
- Ich schreibe den Mittelteil einer Geschichte spannend.
- Ich kann die Wörter der Wortliste richtig schreiben.

Das möchte ich noch üben:

 Wortliste

Apfel

dann

Fell

Ohr

Pferd

Pony

putzen

Schnauze

schnell

Schreck

schwarz

Spatz

Sommerzeit – Piratenzeit

Die Kinder der Klasse 2c wollen ein Piratenfest feiern.

1. Ich: Was planen die Kinder für das Fest?
   Du: Findet weitere Vorschläge für das Piratenfest.
   Notiert Stichwörter.
   Wir: Sammelt eure Vorschläge in der Klasse,
   wenn ihr auch ein Piratenfest feiern wollt.

Eine Einladung schreiben

Die Klasse 2c schreibt eine Einladung an ihre Partnerklasse.

1. Welche Angaben fehlen?

2. Ordnet die Angaben aus der Flasche folgenden Fragewörtern zu:

Wer? Wann? Wo? Was? Wen?

Liebe 🏴‍☠️,

am 🏴‍☠️ wollen wir zusammen ein

🏴‍☠️ feiern. Wir treffen uns um 🏴‍☠️

auf unserem 🏴‍☠️. Wir haben uns

einige Überraschungen für euch

ausgedacht. Verkleidet euch bitte

als 🏴‍☠️.

Wir freuen uns auf euch.

Eure 🏴‍☠️

Piratenfest

15.00 Uhr

Partnerklasse

30. Juni

Klasse 2c

Piraten

Schulhof

3. Schreibe die Einladung ab und ergänze die Angaben
aus der Flasche an den passenden Stellen:
Liebe Partnerklasse,
am …

W-Fragen

Die wichtigsten Angaben findest du
als Antwort auf folgende Fragewörter:
Wer? Wann? Wo? Was? Wen?

4. Wozu möchtest du einladen? Schreibe eine Einladung mit dem Computer.

Klassenfest   Schatzsuche   ?

5. Stellt in der Klasse die Einladungen vor. Sind alle Angaben enthalten?

Personen beschreiben

Malte findet in einem Buch das Bild eines Piraten.

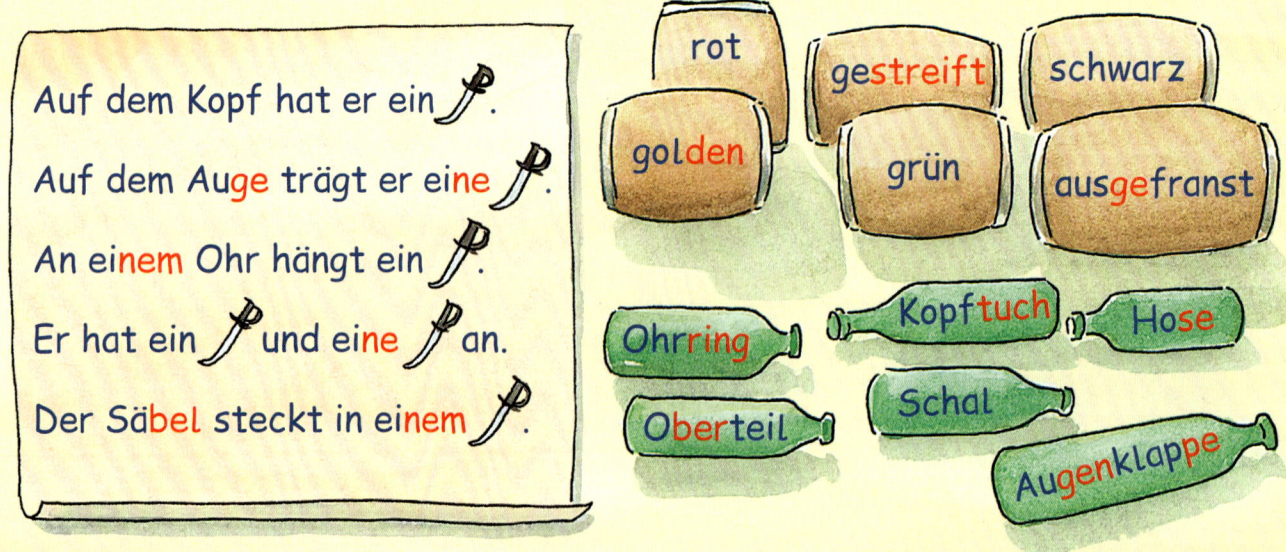

1. Was wisst ihr über Piraten? Erzählt.

2. Ich: Wie sehen Piraten aus? Schaue in Büchern nach.
   Du: Was hat dein Partner herausgefunden?
   Wir: Sammelt eure Ergebnisse in der Klasse.

3. Betrachte den Piraten auf dem Bild. Ergänze die Beschreibung mit Adjektiven und Nomen aus den Fässern und Flaschen:

> Auf dem Kopf hat er ein 🗡.
>
> Auf dem Auge trägt er eine 🗡.
>
> An einem Ohr hängt ein 🗡.
>
> Er hat ein 🗡 und eine 🗡 an.
>
> Der Säbel steckt in einem 🗡.

rot · gestreift · schwarz · golden · grün · ausgefranst

Ohrring · Kopftuch · Hose · Oberteil · Schal · Augenklappe

4. Wie würdest du dich als Pirat verkleiden? Schreibe in der ich-Form.

Einen Text überarbeiten: Wortfeld „gehen"

1 Seit vielen Wochen durchkreuzen die Piraten das Meer.
Sie sind auf der Suche nach einer geheimnisvollen
Schatzinsel. Eines Morgens geht ein Schiffsjunge in
den Ausguck. Plötzlich ruft er: „Land in Sicht!"
5 Schnell geht er wieder herab. Kapitän Holzbein geht
zum Steuerrad und schaut durch das Fernrohr.
Erschrocken geht die Schiffskatze weg.
Neugierig gehen die Piraten an Deck.
Haben sie endlich die Schatzinsel gefunden?

klettern
rennen
steigen
springen
hinken

1. Lest den Text laut. Was fällt euch auf?

2. Welches Wort wiederholt sich häufig?

3. Schreibe den Text ab und ersetze dieses Wort
durch treffende Verben aus der Insel:
Seit vielen Wochen …

4. Finde weitere Verben, die du für ⸢ gehen ⸣ einsetzen kannst.
Das Wörterbuch hilft dir.
gehen: laufen, …

5. Pantomime: Ein Kind stellt ein Verb pantomimisch dar,
die anderen raten. Wer es herausfindet,
darf ein weiteres Verb vorspielen.

Wörter mit h vor l, m, n, r

1 Kapitän Holzbein hat im Fernrohr eine Insel gesichtet.

Er reißt sich den Hut vom Kopf und pfeift durch die Zahnlücke.

Da flattert der zahme Papagei auf seine Schulter und krächzt laut:

„Kahlkopf, Kahlkopf!"

5 Ärgerlich hält sich Holzbein die Ohren zu.

Den Schiffsjungen, der die Insel entdeckt hat, lobt er mit den Worten:

„Gut gemacht, mein Sohn. Das muss die Schatzinsel sein!"

Nun soll die Insel erkundet werden.

Die Wahl fällt auf die zehn mutigsten Piraten.

10 Holzbein treibt sie an und schaut auf die Sanduhr: „Seid nicht so lahm!

Wir haben kein ganzes Jahr Zeit."

Schnell lassen die Piraten das Beiboot zu Wasser und klettern hinein.

1. Lest die Geschichte laut vor.
   In welchen Wörtern hört ihr das h nicht?

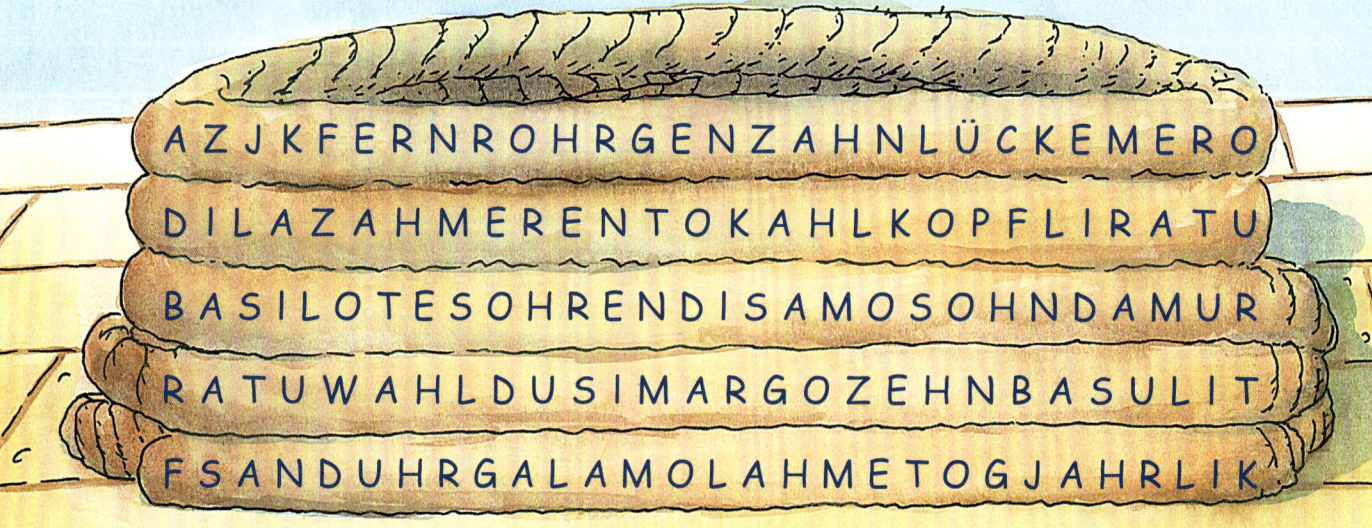

A Z J K F E R N R O H R G E N Z A H N L Ü C K E M E R O
D I L A Z A H M E R E N T O K A H L K O P F L I R A T U
B A S I L O T E S O H R E N D I S A M O S O H N D A M U R
R A T U W A H L D U S I M A R G O Z E H N B A S U L I T
F S A N D U H R G A L A M O L A H M E T O G J A H R L I K

2. Schreibe die h-Wörter aus dem Seil auf und bilde die einsilbige Form:
   Fernrohr – Rohr, …

3. Auf welche Buchstaben enden diese Wörter mit dem stummen h?

4. Gestaltet ein Plakat mit einem Piratenschiff für die Wörter mit dem stummen h.

5. Ordnet alle einsilbigen Wörter aus Aufgabe 2 den Segeln mit dem passenden Endbuchstaben zu.

6. Ordnet auch diese Wörter den Segeln mit dem passenden Endbuchstaben zu.

sehr

Rahm

Kahn

kühl

Zahl

mehr

Lehm

Bahn

kühl

l

m

n

r

stummes h

In einsilbigen Wörtern, die auf l, m, n, r enden, steht vor diesen Buchstaben meistens ein h. Dieses h sprechen wir nicht.

Einen Text überarbeiten: ihnen, ihm, ihn

¹ Kapitän Holzbein will in das Beiboot steigen.

Der Schiffsjunge hilft Kapitän Holzbein, die Strickleiter hinabzuklettern.

Nun steigen die Piraten zu Kapitän Holzbein ins Boot.

Holzbein befiehlt den Piraten: „Nehmt die drei Wasserfässer mit!"

⁵ Die anderen reichen den Piraten im Boot die Wasserfässer herunter.

Dann setzt sich Kapitän Holzbein ans Steuerruder.

Der Schiffsjunge fragt Kapitän Holzbein: „Darf ich auch mit?"

Gut gelaunt erlaubt Kapitän Holzbein dem Schiffsjungen,

mit auf die Insel zu fahren.

1. Lies die Geschichte. Was fällt dir auf?

2. Tausche dich mit deinem Partner aus. Lest die Geschichte noch einmal und
   ersetzt die markierten Stellen durch passende Wörter aus den Fässern.

3. Schreibe die Geschichte in dein Heft.

4. Wie könnte die Geschichte weitergehen?
   Schreibe auf und male ein Bild dazu.

5. Stellt eure Geschichten in der Klasse vor.

Sprachen vergleichen: Abschiedsgrüße

Mit dem Schatz kehren die Piraten zurück und verabschieden sich.

1. Lest die Abschiedsgrüße in den verschiedenen Sprachen. In welche Länder kehren die Piraten zurück?

2. Vergleicht die Abschiedsgrüße. Was fällt euch auf?

3. Wie verabschiedet ihr euch in eurer Mundart?

4. Schreibe die Abschiedsgrüße und das passende Land auf:
   Auf Wiedersehen: Deutschland

5. Sprich einen Abschiedsgruß in einer Sprache. Dein Partner sagt, welche Sprache es ist.

6. Kennt ihr Abschiedsgrüße in weiteren Sprachen?

Was habe ich gelernt? – 11

Stummes h (Seite 144 – 146, Lösungsbeilage Seite 8)

1. Ordne die einsilbigen Wörter mit dem stummen h
nach ihren Endbuchstaben.
Was fällt dir auf?

Zahn	Jahr	Pfahl	Rahm	Ohr	Kohl
zahm	Bahn	Hahn	sehr	kühl	Lehm

2. Setze folgende Wörter ein: *ihn, ihm, ihr, ihr*

Der Schiffsjunge Piet klettert zu Kapitän Holzbein
ins Beiboot. Dieser reicht 🪵 ein Ruder.
Nach kurzer Zeit erreichen sie 🪨 Ziel.
Sie ziehen 🧊 Boot an Land.
Der Kapitän holt die Schatzkarte.
Erwartungsvoll blickt Piet ⚙️ an.

Treffende Wörter für „gehen" (Seite 143, Lösungsbeilage Seite 8)

3. Ersetze das Verb gehen durch treffendere Wörter.

Malte geht die Leiter hinauf.

Hanna geht mit Lena um die Wette.

Die Katze geht zum Mauseloch.

Das Pferd geht über die Hindernisse.

Der Vogel geht auf dem Ast hin und her.

schleichen   hüpfen   springen   klettern   laufen

Eine Einladung schreiben (Seite 141, Lösungsbeilage Seite 8)

4. Du möchtest deinen Freund oder deine Freundin zu
deiner Geburtstagsfeier einladen.

Schreibe eine Einladung. Denke an die Angaben zu folgenden Fragen:

 Wer ...?  Wann ...?  Wo ...?  Was ...?  Wen ...?

Beschreiben (Seite 142, Lösungsbeilage Seite 8)

5. Ergänze die Beschreibung von Kapitän Holzbein:

Auf dem Kopf hat er ...

Im Gesicht besitzt er ...

Auf der Schulter sitzt ...

Er trägt ... und ...

Das Messer steckt ...

Besonderes Kennzeichen:

 <u>*Lerntagebuch*</u>

Schreibe in dein Lerntagebuch, was du gelernt hast.

Wie gut kannst du die Aufgaben? Male   .

Was möchtest du noch üben?

<u>Was habe ich gelernt?</u>

- Ich schreibe eine Einladung mit den wichtigsten Angaben.
- Ich kann *gehen* durch treffendere Verben ersetzen.
- Ich schreibe einsilbige Wörter mit stummem h richtig.
- Ich kann die Wörter ihm, ihn, ihnen, ihr verwenden.
- Ich kann eine Person beschreiben.
- Ich kann die Wörter der Wortliste richtig schreiben.

<u>Das möchte ich noch üben:</u>

 Wortliste

Bahn

er geht

ihr

Klasse

kühl

mehr

Pirat

plötzlich

sehr

Uhr

Woche

Zahl

Zahn

Selbstständig üben mit Wortkarten

Wörter auf Wortkarten schreiben

1. Sammle Wörter, die du schwierig findest.
   Schlage diese Wörter im Wörterbuch nach.

er liest

2. Schreibe immer ein Wort auf eine Karte:
   - bei Nomen mit Artikel
   - bei Verben die Grundform
   - bei Adjektiven nur das Adjektiv

der Mann lesen rund

3. Schreibe so auf die Rückseite der Karte:
   - bei Nomen die Mehrzahl mit Artikel
   - bei Verben die er-Form
   - bei Adjektiven die Verlängerung
     mit einem passenden Nomen

die Männer

er liest

der runde Ball

4. Ordne die Wortkarten in das erste Fach
   der Lernbox ein.

neue Wörter 4. Übung 3. Übung 2. Übung 1. Übung

Alleine üben mit den Wortkarten

1. Schaue die Vorderseite und die Rückseite
   der Wortkarten genau an und sprich in Silben.

2. Lege die Karte weg.
   Sprich in Silben und schreibe auf.

3. Vergleiche genau.

4. Ordne die Karte in die Lernbox ein:
   - Richtig geschriebene Wörter wandern ein Fach weiter.
   - Falsch geschriebene Wörter bleiben in dem Fach,
     aus dem du es genommen hast.

**Du kannst auch
mit einem Partner üben!**

Ein Lerngespräch führen

Lerngespräche helfen dir, dein Lernen zu verbessern.

Zur Vorbereitung kannst du die Einträge in deinem Lerntagebuch nachlesen.

So kann ein Lerngespräch ablaufen:

- Wie fandest du die Lernaufgabe oder deinen Lernweg?

- Welche Schwierigkeiten und Probleme hattest du?

- Was hast du bereits gelernt? Was kannst du gut?

- Welche Lern- und Übungsaufgaben können dir helfen?

Diese Aufgaben helfen dir dabei, ... zu üben.

- Bis wann möchtest du diese Aufgaben erledigt haben?

Bis ... möchte ich diese Aufgaben bearbeitet haben.

- Wie fandest du das Gespräch?

Ich fand das Gespräch ..., weil ...

Gespräche können so sein:

hilfreich,
ermutigend,
verwirrend,
entmutigend ...

1. Schaue dir mit einem Partner die einzelnen Gesprächsszenen an.

   Wie läuft ein Lerngespräch ab?

   Wie kannst du dich vorbereiten?

2. Spiele mit deinem Partner ein Lerngespräch.

   Benutzt dazu die Formulierungsvorschläge in den Sprechblasen.

3. Findet weitere Formulierungen.

Mit dem Wörterbuch arbeiten

Das Wörterbuch oder die Wörterliste helfen dir, wenn du nicht weißt,
wie ein Wort richtig geschrieben wird.
Die Wörter sind nach dem Abc geordnet.

Zusammengesetzte Nomen

Manche zusammengesetzten Nomen
findest du nicht im Wörterbuch.
Du musst sie in die einzelnen Wörter zerlegen.

1. Zerlege die zusammengesetzten Wörter und
   schlage die einzelnen Wörter im Wörterbuch nach.
   Schreibe sie mit der Seitenzahl auf:
   Schneckenhaus: die Schnecke, Seite …
                das Haus, Seite …

> Klassenbuch   Vogelfeder   Schultasche

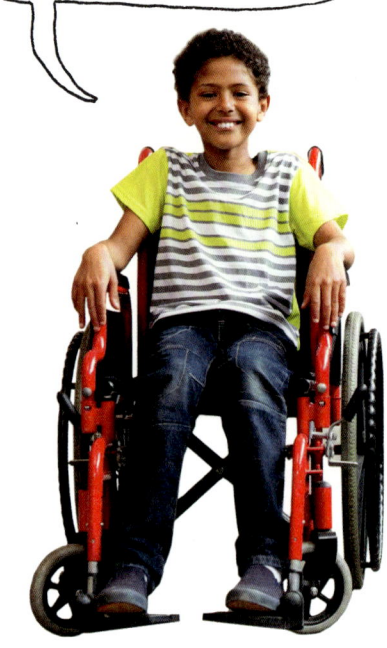

Schneckenhaus ist aus Haus und Schnecke zusammengesetzt.

Verben

Verben stehen im Wörterbuch oder in der
Wörterliste immer in der Grundform,
die er-Form steht dahinter.

2. Suche die Grundform im Wörterbuch und
   schreibe sie mit der Seitenzahl auf.

> rennt   spielt   singt   übt   rechnet

Die Grundform von gibt ist geben.

Wörter trennen

Am Zeilenende musst du manchmal Wörter trennen.
Im Wörterbuch stehen zwischen den Silben senkrechte Striche.
Beachte: Vokale dürfen nicht einzeln stehen.

3. Wie werden die folgenden Wörter getrennt?
   Schreibe sie mit Bindestrichen auf und vergleiche mit dem Wörterbuch:
   Re-gen-bo-gen: Re|gen|bo|gen, Seite …

> malen   brummen   Papagei   Feuerwehr

Ich – Du – Wir

Ich: Alleine arbeiten

Bearbeite die Aufgabe selbstständig:

Was kannst du?

Wo brauchst du Hilfe?

Du: Austauschen mit dem Partner

Sprecht über eure Ergebnisse und über offene Fragen. Helft euch gegenseitig. Einigt euch auf ein gemeinsames Ergebnis.

Gruppenarbeitsphase

Ihr könnt die Ergebnisse der Partnerarbeit zunächst in der Kleingruppe vorstellen und eine gemeinsame Präsentation erarbeiten.

Wir: Vorstellen in der Klasse

Stellt die Ergebnisse der Partner- oder Gruppenarbeit in der Klasse vor und sprecht darüber. Erarbeitet ein gemeinsames Ergebnis.

Wörterliste

A a

aber
der **Advent**
der **Affe**, die Affen
alle – alle Kinder
alles
als
also
am
die **Ameise**, die Ameisen
an
antworten, er antwortet
der **Apfel**, die Äpfel
arbeiten, er arbeitet
auch
auf
die **Aufgabe**, die Aufgaben
das **Auge**, die Augen
aus
das **Auto**, die Autos

B b

das **Baby**, die Babys
backen, er backt
baden, er badet
die **Bahn**, die Bahnen
bald
die **Bank**, die Banken
der **Bär**, die Bären
der **Baum**, die Bäume
bei
die **Biene**, die Bienen
das **Bild**, die Bilder
die **Birne**, die Birnen
bisschen – ein bisschen
das **Blatt**, die Blätter
blau – der blaue Himmel
bleiben, er bleibt
die **Blume**, die Blumen
die **Blüte**, die Blüten
böse – der böse Geist
brauchen, er braucht
braun – das braune Reh
der **Brief**, die Briefe

die **Brille**, die Brillen
bringen, er bringt
das **Brot**, die Brote
der **Bruder**, die Brüder
brummen, er brummt
das **Buch**, die Bücher
bunt – das bunte Tuch

C c

der **Cent**, die Cents
der **Clown**, die Clowns
der **Computer**, die Computer

D d

da
danken, er dankt
dann
das
dem
denken, er denkt
der
des
dich
dick – der dicke Mann
die
der **Dienstag**
diese
dir
doch
die **Dose**, die Dosen
der **Drachen**, die Drachen
dreckig – die dreckigen Kleider
du
dunkel – der dunkle Keller
durch
dürfen, er darf

E e

das **Ei**, die Eier
ein, einem, einen, einer, eines
einmal
das **Eis**
das **Ende**, die Enden

Wörterliste

endlich
eng – die enge Hose
die **Ente**, die Enten
er
es
der **Esel**, die Esel
essen, er isst
die **Eule**, die Eulen
der **Euro**, die Euro

F f

fahren, er fährt
die **Familie**, die Familien
die **Feder**, die Federn
der **Fehler**, die Fehler
fein – der feine Strich
das **Feld**, die Felder
das **Fell**, die Felle
das **Fenster**, die Fenster
die **Ferien**
das **Feuer**, die Feuer
finden, er findet
fleißig – das fleißige Kind
fliegen, er fliegt
fragen, er fragt
die **Frau**, die Frauen
fressen, er frisst
der **Freund**, die Freunde
frisch – das frische Obst
die **Frucht**, die Früchte
der **Frühling**
der **Fuchs**, die Füchse
der **Füller**, die Füller
für
der **Fuß**, die Füße

G g

die **Gabel**, die Gabeln
ganz
der **Garten**, die Gärten
geben, er gibt
der **Geburtstag**, die Geburtstage
gehen, er geht
gelb – das gelbe Gemüse
gesund – das gesunde Frühstück

die **Glocke**, die Glocken
das **Glück**
das **Gras**, die Gräser
groß – das große Haus
grün – das grüne Gras
der **Gruß**, die Grüße
die **Gurke**, die Gurken
gut – die gute Luft

H h

das **Haar**, die Haare
haben, er hat
der **Hai**, die Haie
die **Hand**, die Hände
der **Hase**, die Hasen
hässlich
das **Haus**, die Häuser
heiß – der heiße Tag
her
der **Herbst**
heute
die **Hexe**, die Hexen
der **Himmel**
hinter
hoch – die hohe Brücke
holen, er holt
hören, er hört
die **Hose**, die Hosen
der **Hund**, die Hunde

I i

ich
ihr
im
immer
in, ins

J j

ja
das **Jahr**, die Jahre
der **Junge**, die Jungen

K k

der **Käfer**, die Käfer
der **Kaiser**, die Kaiser
die **Kastanie**, die Kastanien
die **Katze**, die Katzen
das **Kind**, die Kinder
die **Kiste**, die Kisten
die **Klasse**, die Klassen
das **Klavier**, die Klaviere
der **Klecks**, die Kleckse
das **Kleid**, die Kleider
klein – der kleine Stein
klettern, er klettert
knacken, er knackt
können, er kann
der **Koffer**, die Koffer
der **Kopf**, die Köpfe
krank – die kranke Oma
kriechen, er kriecht
kühl – die kühle Luft

L l

lachen, er lacht
laufen, er läuft
laut – der laute Knall
leben, er lebt
legen, er legt
leicht – die leichte Feder
leise – die leise Stimme
lernen, er lernt
die **Leute**
lieben, er liebt
das **Lied**, die Lieder
liegen, er liegt
links
der **Löwe**, die Löwen

M m

machen, er macht
das **Mädchen**, die Mädchen
der **Mai**
malen, er malt
das **Märchen**, die Märchen

die **Maschine**, die Maschinen
die **Maus**, die Mäuse
mehr
meinen
die **Minute**, die Minuten
mir
mit
müssen, er muss
der **Monat**, die Monate
die **Mutter**, die Mütter

N n

nach
nächste
die **Nadel**, die Nadeln
der **Name**, die Namen
nämlich
der **Nebel**, die Nebel
nein
neu
neun
nicht
nirgends
noch
nun
nur
die **Nuss**, die Nüsse

O o

oder
ohne
das **Ohr**, die Ohren
die **Oma**, die Omas
der **Onkel**, die Onkel
der **Opa**, die Opas

P p

paar – ein paar …
der **Partner**, die Partner
pfeifen, er pfeift
das **Pferd**, die Pferde
die **Pflanze**, die Pflanzen
pflücken, er pflückt

die **Pfütze**, die Pfützen
der **Pinsel**, die Pinsel
der **Pirat**, die Piraten
die **Pizza**, die Pizzas
das **Plätzchen**, die Plätzchen
plötzlich
die **Pommes**
das **Pony**, die Ponys
putzen, er putzt

Q q

das **Quadrat**, die Quadrate
quaken, er quakt
der **Quatsch**
die **Quelle**, die Quellen

R r

der **Rabe**, die Raben
die **Raupe**, die Raupen
rechnen, er rechnet
reden, er redet
der **Regen**
reisen, er reist
rennen, er rennt
der **Riese**, die Riesen
der **Ring**, die Ringe
rollen, er rollt
rot – die rote Rose
rufen, er ruft
rund – der runde Ball

S s

sagen, er sagt
das **Salz**
der **Satz**, die Sätze
das **Schaf**, die Schafe
scheinen, er scheint
schenken, er schenkt
die **Schere**, die Scheren
schicken, er schickt
das **Schiff**, die Schiffe
schlafen, er schläft
schmecken, er schmeckt

der **Schmetterling**, die Schmetterlinge
schmücken, er schmückt
die **Schnauze**, die Schnauzen
die **Schnecke**, die Schnecken
der **Schnee**
schneiden, er schneidet
schnell – das schnelle Auto
schon
schön – die schöne Blume
der **Schreck**, die Schrecken
schreiben, er schreibt
die **Schule**, die Schulen
schwarz – die schwarze Flagge
die **Schwester**, die Schwestern
schwimmen, er schwimmt
der **See**, die Seen
sehen, er sieht
sehr
die **Seife**
sich
sie
sieben
siegen, er siegt
sind
singen, er singt
sitzen, er sitzt
so
sollen, er soll
der **Sommer**
die **Sonne**, die Sonnen
sparen, er spart
der **Spaß**, die Späße
der **Spatz**, die Spatzen
das **Spiel**, die Spiele
spielen, er spielt
der **Sport**
sprechen, er spricht
springen, er springt
die **Stadt**, die Städte
der **Stahl**, die Stähle
staunen, er staunt
der **Stein**, die Steine
der **Stern**, die Sterne
die **Straße**, die Straßen
der **Stuhl**, die Stühle
die **Stunde**, die Stunden
suchen, er sucht

Wörterliste

T t

der **Tag**, die Tage
die **Tante**, die Tanten
die **Tasche**, die Taschen
das **Telefon**, die Telefone
der **Tee**, die Tees
das **Tier**, die Tiere
der **Tiger**, die Tiger
der **Tisch**, die Tische
die **Tomate**, die Tomaten
träumen, er träumt
traurig – das traurige Kind
trinken, er trinkt
trotzdem
die **Tulpe**, die Tulpen
tun, er tut
turnen, er turnt

U u

üben, er übt
über
die **Uhr**, die Uhren
um
und
uns

V v

die **Vase**, die Vasen
der **Vater**, die Väter
verstehen, er versteht
viel
vier
der **Vogel**, die Vögel
von
vor
vorlesen, er liest vor
der **Vulkan**, die Vulkane

W w

wann
warten, er wartet

was
das **Wasser**
der **Wecker**, die Wecker
weg
der **Weg**, die Wege
das **Weihnachten**
weil
weiß – das weiße Haus
weit
weiter
wenn
wer
werden, er wird
das **Wetter**
wie
wieder
die **Wiese**, die Wiesen
der **Wind**, die Winde
der **Winter**
wir
wirklich
wo
die **Woche**, die Wochen
der **Wolf**, die Wölfe
die **Wolke**, die Wolken
wollen, er will
das **Wort**, die Wörter
wünschen, er wünscht
die **Wurzel**, die Wurzeln

Z z

die **Zahl**, die Zahlen
zahlen, er zahlt
zählen, er zählt
der **Zahn**, die Zähne
zeigen, er zeigt
die **Zeit**
die **Ziege**, die Ziegen
das **Zimmer**, die Zimmer
der **Zoo**
zu
der **Zucker**
zwei